东北文化源头记录

冰湖渔猎

曹保明　著

吉林人民出版社

图书在版编目（CIP）数据

东北文化源头记录.冰湖渔猎 / 曹保明著. -- 长春:
吉林人民出版社，2021.6

ISBN 978-7-206-17751-4

Ⅰ.①东… Ⅱ.①曹… Ⅲ.①文化史—东北地区②捕
捞—民族文化—东北地区③狩猎—民族文化—东北地区
Ⅳ.①K293②S97③S869.23

中国版本图书馆CIP数据核字（2020）第219423号

东北文化源头记录——冰湖渔猎
DONGBEI WENHUA YUANTOU JILU　BING HU YULIE

著　　者：曹保明
责任编辑：张文君　　　　　　　封面设计：子　羽
出版发行：吉林人民出版社（长春市人民大街7548号　邮政编码：130022）
咨询电话：0431-85378007
印　　刷：吉林省优视印务有限公司
开　　本：720mm×1000mm　　　　1/16
印　　张：15.5　　　　　　　　字　　数：200千字
标准书号：ISBN 978-7-206-17751-4
版　　次：2021年8月第1版　　　印　　次：2021年8月第1次印刷
定　　价：39.00元

目　录

穿过柳条边

好多年来，我就有一个梦想，那就是用我的双脚走遍东北。走，其实是在寻找，寻找北方民族在久远的生存历程中真正的生存形态。因为我觉得，人类的诸多文化其实只有很少一部分被文字记载下来，更多的、更重要的部分是传承在人自身的生存形态上。我走啊，寻找啊，终于有一天我来到了一个叫查干淖尔的地方。

放眼望去，白碱土干涸在茫茫的原野上，裸露的土层被风雕刻成一道道的沟岔，冬季枯黄的草在冷风中抖动着。透过苍凉的土地，远方竟是一个巨大的湖泊，那是一片望不到边际的水域，结着白茫茫的冰。大雪厚厚地覆盖在冰原上。风把雪刮起来如烟一般地弥漫在远方。可是，在风雪弥漫的村落、土道、草垛间，却奔走着一个个屯人，他们在冰雪上举行隆重的祭祀活动，跳起古老的舞蹈，然后背起渔具，牵着马匹，赶着爬犁朝着茫茫的冰湖上走去……他们去干什么？

当地人说，是去打鱼，又叫冬捕。

冬捕就是冬季捕鱼，是生存在这里的人的一种生活方式。他们脚踏冰雪走动时的姿势、他们说话时的方言土语、他们劳作时的手势和行为，让我突然觉得这里正是我多年来在寻找的地方。于是，我走上茫茫的查干淖尔，我坐上冬捕人的爬犁和他们一块去看卧子，我躺在网房子的土炕上听着户外的风雪入睡，我跟着老渔把头大车一块去拉鱼、收鱼，我在冰上一件件询问那些捕鱼工具的名称，我听许多老掉牙的渔把头讲述以前的事。当岁月的时光一点点消逝，我心中突然生出一种渴望，那就是我再也忍不住想把这里发生的一切告诉人们，在大东北吉林，在北方的黑土地上，有一块全世界都在寻找的大自然的净土——查干淖尔，那是大自然保存下来的一块原色，是和青藏高原一样珍贵的地方——人类渔猎文化的活态遗存。

从省会长春一直向西，有个叫松原的地方，是吉林省的九大地区之一，通往那儿有非常便捷的铁路和公路。当旅行者经过两三个小时到达那里的时候，其实你已经穿越了有300多年历史的柳条边。

东北的柳条边俗称边墙，最早始建于皇太极时，分东西两段。东段自凤凰城以南的海起，至开原东北的威远堡；西段自威远堡至山海关，被称为盛京边墙，又叫老边。而南起开原老城附近，北至船厂（今吉林市）北亮甲山的柳条边，俗称新边。老边和新边是清王朝为了保护祖宗发祥地和为了感谢蒙古贵族协助清王朝推翻明朝有功而划给他们的游牧地的界线，今天长春一带还有许多地名仍叫靠边吴、靠边王。人们到达的松原由前郭尔罗斯蒙古族自治县和老扶余县（原伯都讷）组成，前郭尔罗斯是从前蒙古王公的游牧地，就是被称作"蒙地"或"蒙荒"的地方。清王朝几百年的封禁政策使这一带奇迹般地被"保护"下来，于是这片土地便成了一块天然的净土。

顺治朝100多年之后，乾隆盛世使中原人口骤增而土地却无以可增，加之连年的自然灾害，数以万计的农民背井离乡，用他们的双脚走出山海关，到北方寻找土地，这就是中国历史上重大的人口迁移"闯关东"阶段。蒙古王爷和朝廷再也无法控制百姓谋生的脚步，只好开始"丈荒""放荒"，称之为"借地养民"，接着朝廷不得不颁发了《辽东招民开垦例》，几经周折，诸多汉民来到前郭尔罗斯和伯都讷开荒谋生。

锹镐和犁杖翻开黑油油的泥土的同时，江河湖泊的水资源也得到了开发，而"水"恰恰是这块土地上最重要的内涵。

提到水，我们不能不想到吉林省省名。吉林，古语"乌拉"，"沿江靠川"之谓，是指江边上的一个地方。而这"江"就是松花江。松花江满语为"松阿里乌拉"。

松花江是世界上最奇特的江，它有两个源头。南源是东北亚地区的最高峰长白山，北源是发源于大小兴安岭之间的伊呼里山的嫩江（许多资料也称嫩江为松花江的最大支流）。嫩江蒙古语意为"碧绿色的水"，清代称诺尼水。松花江和嫩江在松原境内总流程近200公里（其中松花江120公里，嫩江61.7公里），这就使松原这块土地可以名副其实地称为"水文化"之地，而且自然构造也使这儿成为水文化领地。

如果在中国地图上寻找松原，哪怕你不识字，你只要在那只昂首的"雄鸡"首处观看，你就会发现有一个两条江汇成"人"字流过的地方，那就是松原的前郭尔罗斯。

郭尔罗斯是蒙古语，其中"郭尔"汉译为河，"罗斯"汉译为水，郭尔罗斯可译为河水。蒙古语中的"前"与"南"为一词，前郭尔罗斯可通译为南郭尔罗斯，这是因为古人往往以江河的走向来定位，"前"是指此地在嫩江的南岸，因此人们习惯地称这里为嫩江平原，是指这儿从前是科尔沁草原的东部，又称嫩科尔沁。

松原是一处真正的古老文化遗存之地。据考古发现，远在1万多年前的旧石器时代晚期就有人类在此生存，处于今穆家乡查干淖尔北岸的青山头第三层的白色粉沙层中，保留有明显的人类骨化石和哺乳动物的化石。据王迅在《郭尔罗斯考略》和苏赫巴鲁、乌银珊丹在《查干淖尔的传说及其郭尔罗斯史话》中考证，郭尔罗斯是圣母阿兰豁阿的故乡，而阿兰豁阿的第八代孙合不勒是蒙古第一位可汗，其第十二代孙就是建立横跨欧亚大陆蒙古帝国的成吉思汗。13世纪蒙古汗王成吉思汗铁木真不仅完成了蒙古部落的统一，也使他的兄弟们一个个变得出类拔萃，其中成吉思汗的二弟哈萨尔，经年和哥哥南征北战，被人誉为除魔大王和一代神弓，成为郭尔罗斯草原上人们不可忘记的人物。清天命九年（1624），前郭尔罗斯旗旗祖固穆及其长兄布木巴随科尔沁台吉奥巴一同归附后金，由于多次派兵随同努尔哈赤、皇太极出征有功，后被封为辅国公，他的第十一世孙齐默特色木丕勒，被人称为末代旗王。

历史上，前郭尔罗斯又是一处多民族居住和生活的地方，女真、契丹、锡伯、夫余都在此生存繁衍。

据史书记载，夫余是居住在东北中部地区的一个民族，是最早从秽貊部落中分化出来并独立生存的一个民族，夫余之名始见于前汉。有人具体考定夫余之名出现于公元前119年汉破匈奴左地之后，公元前108年汉置四郡之前。夫余国灭亡是在公元477年夫余降了高句丽时。夫余国亡后，夫余族还继续存在了相当长时间，直到公元12世纪的金代，夫余才完全消失于史。因此，夫余存在的时间将近1300年，但其主要活动时间是前半段，约有500多年，就是在两汉魏晋时期。据孙进已先生在《东北各民族文化交流史》中考证，夫余的活动地域比较广阔，西与鲜卑接于今辽河流域，东与挹娄接于今张广才岭，南与高句丽大约界于吉林哈达岭，北有弱水（今松花江东流段），这是后汉时夫余极盛时的活动范围，其中夫余人真正的活动中心应当在所谓"玄菟北千里"之地，约在今吉林省榆树一带。

而《汉书·地理志》所载："（燕）……北隙乌桓、夫余，东贾真番之利。"是说夫余在乌桓之东，燕之北。又据《魏书·高句丽传》载："朱蒙……弃夫余，东南走，……遂至纥升骨城，逐居焉。"因而，推定前汉夫余应在今辽宁省北部西丰等地，也正是今松花江中部地区和嫩江流域一带。《三国志·夫余传》载："其国善养牲，出名马、赤玉、貂狄、美珠。珠大者，如酸枣。"这是关于夫余国畜牧文化和渔猎文化的记载。

渔猎文化其实同畜牧文化、农耕文化一同步入了中华民族的文化之中，但它不如农耕文化那样集中和定型，特别是如冬捕这样的大规模的渔猎活动。到了清时期，由于朝廷在北方设立了打牲乌拉衙门，专门管理捕鱼、贮鱼、贡鱼，民间散居型的渔猎活动从此进入了大规模的集约型阶段。

把历史的碎片拾起来组合在一起才感觉到松原这片土地更加闪闪发光，那是因为地灵必然连接着人杰，而这里的土地以其丰饶的水草著称天下，两条大的江河和诸多的中型河流、湖泊使这儿的人们依靠江河而生存，于是渔猎成为生活在这里的人的主要生存形态。

东北渔猎史话

中国东北有着久远的渔猎历史。捕鱼，这是一种古老的行当。正因为这个行当古老，所以其中的习俗和规矩十分特殊。它和采摘瓜果、猎获动物一样，都是原始先民谋生的一种手段。地处长白山地区的松花江、图们江、鸭绿江及流经东北平原的黑龙江、嫩江、乌苏里江因水利资源和地理位置的优越，渔业资源十分丰富。古代这里就有人用原始渔具从事捕捞活动。

据史料记载，吉林渔民曾经由图们江出海捕鱼，盛时达千余人，年作业四五个月，用刺网捕捞，人均产量可达20吨，用串联网捕捞可达25—30吨，捕捞海参每人每天可达15公斤。北方典型的渔猎民族，如赫哲族，从前被称为"鱼皮鞑子"。赫哲族人每年要向朝廷进贡鳇鱼骨、鳇鱼筋等珍贵的特产，光绪年间俄国轮船航行至黑龙江中常常向赫哲族人购买大马哈鱼。

从春天跑冰排开始到夏季小满，这时期为春季鱼汛期。这时在松花江、黑龙江、乌苏里江流域主要捕那些吃食小鱼的杂鱼类。这类鱼在稳水涡子（卧子）里待了一冬天，它们往往随着开江的冰排震荡顺流而下，到没有冰排的稳水涡子里停下来觅食。捕这个季节的鱼用网、钩都可以，而且鱼好吃，也能卖出好价钱来。

端午节前后，水温开始回暖，各种专门吃活鱼的大鱼都集中往江边游，在岸边的青草和苇棵里找小鱼吃。这时节，江边草丛里的蚊虫还没大量生起，打鱼人不受蚊虫叮咬侵害，夜里小凉风一吹，又凉快又舒服，这是打鱼的好季节。这样的日子，不停地捕捞。如果勤快一些的话，这个季节渔民便可以把一年的口粮弄回来。

北方民族，大都经过了渔猎生活阶段，他们饱尝了这行当的辛苦。东北靠江较近的渔民，一到汛期就结伙出船，自家没有船的，就到网户达（有钱的大户人家）那里租船或租网。盖的小窝棚就叫网房子。

春天开江打开江鱼，开江鱼好吃，但罪难遭，春天的江水都带冰碴子。

夏天的时候，在江上行船打鱼，无遮无挡，火辣辣的太阳晒得人身上一爆一层皮。打鱼的人哪年夏天都得脱几层皮。身上一脱皮，汗水一浸，疼得扎心。秋天，是打鱼人一年当中最好过的季节，这时候，鱼儿肥，天又不太热。

所以北方的打鱼人常常这样说：

转眼到了秋，

打鱼的乐悠悠。

背网江上走，

草棵里下老钩。

鱼儿多又肥，

真是好时候。

捕鱼要用船。北方船只的制造有悠久的历史，松花江上游的吉林市，古称船厂，这儿一直是生产大船的地方。清朝的各水陆驿站所有的船只，都要到"船厂"去领换。而旧船领换新船，要求驿丁把旧船烧掉，背着烧完后剩下的船钉去领。那船钉是有分量的，少一两朝廷就认为是失职，不但不给新船，还要受到处罚。东北渔猎和交通中使用得最早的船只是独木舟，名为"杨木雕"，赫哲语为"敖拉沁"，只能乘一人。后来又出现了"桦皮快马"船。这种船叫"乌末日沉"，是把整张的桦树皮呈筒状扒下，固定在事先串好的桦皮船骨架上，船便成了。这种船的船体非常轻，一个人可以扛着行走。另外，这种船可以在少水的江汊子、河湾子一带通过，不用绕弯走很远的路。但是这种桦皮船最多只能载两三人，不能运载重物，但叉鱼时是最得力的船只。18世纪末期，赫哲族中又出现了一种叫"吉拉"的小船，这是一种载重桦皮船，船体大，是用松木做的骨架，划行时速度快、体轻、摩擦水面的声音小。叉鱼时，等鱼发现叉已飞出。但远航时，得10多个人划桨。

到了民国初年，北方又出现了一种叫"三页板"的船，称"舢板"，赫哲语为"滕木特克"。这种大渔船中间有桅杆眼，可以竖杆、拉风帆、挂篷，这种船是下鳇鱼钩、打大网、载运货物的最好的船只。后来，从松花江上游的汉族渔民中传来了一种"划鞋"，两头尖翘起，似鞋形，外壳涂油漆，船长二丈三尺，在船中间的"船迷子"（船面中间）上，覆盖"跨子"（船盖），这样既可以挡雨，又免得江水灌进舱中，有的用白布做"二篷"代替"跨子"。如雨天或夜晚回不了家，可以供两个人在里边歇宿。

从白露开始的一个月时间是北方秋季鱼汛期，乌苏里江和黑龙江流域开始捕获大马哈鱼（鲑鱼的一种）和鲟、鳇鱼及其他各种鲜美的杂鱼。这时节上网最多的是鳇鱼和大马哈鱼。

世居吉林的地方部族向中原王朝进送贡品自周秦就形成了惯例。那时，居住在不咸山（长白山）北的肃慎、挹娄族曾贡送"楛矢石砮"（一种箭杆和箭头）。北魏时，勿吉族的贡品主要是马匹，甚至一年两贡；唐时，靺鞨诸部的贡品就开始有"鲸鲵"（鲸鱼类）；到了明清时，宫廷中的诸多用品如人参、貂皮、东珠、鳇鱼均来自吉林乌拉。而设在松花江上的打牲乌拉衙门总管已官居三品，远远超过《红楼梦》作者曹雪芹之父的江南织造五品位，并同江宁（南京）、苏州、杭州齐名而成为中国四大朝贡基地，而唯独吉林乌拉归朝廷内务府直接辖管。可能恰恰因为松花江和嫩江汇合处地理位置的重要，以及查干淖尔和这一带的湖泊中贮养鳇鱼的可能，时任第三十四任打牲乌拉衙门总管的乌音保之父赵云生在光绪二十七年（1901），以71岁的高龄出任伯都讷副都统。

生活在松原这块黑土地上的东北民族有着久远的渔猎历程，这也是他们重要的生存历程。到了严寒的冬天，渔猎人干什么呢？

查干湖冬捕

人们说松花江和嫩江交汇处是一处独特的地方，两股大水把这块土地和草原滋润得无比肥沃和富饶，星罗棋布的湖泊散布在松原的土地上，这儿可以称之为一个多湖泊之地，仅在前郭尔罗斯地域内就有大小湖泊27处之多，而其中查干淖尔是这儿最大的湖泊。

查干淖尔为蒙古语，即"白色的湖泊"之意，地处今松原市前郭尔罗斯境内，就是北纬45°09′—30′，东经124°03′—34′的位置上。据著名民俗学家王迅在《郭尔罗斯考略》（辽宁民族出版社2002年6月版）中考证，查干淖尔是今天的称呼，在宋辽时，称之为"大水泊"或"大鱼泊"。北宋曾公亮主编的《武经总要》载："鸭子河在大水泊之东，黄龙府之西，是鸭雁生育之处。大水泊周围三百里。"到了明代，这片大水泊被称为"拜布尔察罕大泊"（也称"白马儿大泊"）。湖水面积4万公顷，蓄水7亿立方米，是发源于大兴安岭得福特勒罕山北麓的霍林河末端的堰塞湖泊，靠四季的雨雪汇入各处的水源而形成。历史上，它同呼伦贝尔草原上的达赉湖和现俄罗斯境内的贝加尔湖一同构成了地球的"肺"，调节着人类和地球北半部一切生灵的生存环境。由于查干淖尔古时的自然状况保存得好，这儿的一切特产也得到世界的关注。这儿湖中的鱼完全是靠食草籽和小虫为生，于是被人称为绿色营养品，从远古时起就引起了人们的注意。

在历史久远的岁月中，人类保护了自然，又使得自己依赖自然得以延续生存。据草原上著名的民俗学家苏赫巴鲁介绍，从前蒙古族人不食鱼，而且还保护水。小孩子在草原上放牧，不但不许牛羊在水中撒尿，人也不许。他小时候，阿爸阿妈就告诉他，千万别往湖泊河水中撒尿，不然惹怒了水神，草原会有灾难。善良的老人其实是把草原人保护自然的意识传承给了孩子，这是北方民族的一种生存品质，也是一种生存能力。而其实，他们是把包括查干淖尔在内的这一片土地按原始生存状态保护下来。

食鱼习俗最早是由汉人开始的。那时，包括松花江、嫩江在内的诸多条江河上都有了打鱼人，查干淖尔上也有诸多船在夏秋捕鱼。由于这个湖泊生长着独特的自然植物，水中昆虫繁多，鱼儿吃水中的小虫和湖边的草籽，构成了独特的肉质。这儿的风向也奇怪，有时东南风突转西北风，于是刚刚顺向的草籽便会大片地倒向水中，成为鱼儿的美食。

查干淖尔的风向和它西北部的台地有关。在如今乾安境内的陈字井、黄字井、天字井等处，西岸明显高于东岸。这儿秋季、冬季多刮西北季风，把成熟的草籽通过劲风带入湖心，自然地喂养着水中的鱼类。而新庙和青山头一带地势偏平，生长着荷花、菱角一类植物，这是鱼儿喜欢吃的，诸多的大鱼夏秋季喜欢在这一带活动。鱼儿有了自然良好的生存环境，查干淖尔就成了它们生存的最佳之地。据有关资料统计，仅在查干淖尔内就有鱼类68种之多，如鲤鱼、鲫鱼、草根、鲢鱼、麻鲢鱼、鳌鱼、鳟鱼、狗鱼、胖头、牛尾巴、鳡条鱼、嘎牙子鱼、白鱼、串丁子鱼等，真可谓"三花五罗十八丁"样样都有，而查干淖尔捕鱼最典型、最辉煌的时候就是它的冬捕。

在东北，从深秋到初冬，一切江河湖泊都被严寒封冻了。

历史上北方交通就不便，一到冬季，许多封冻的大江大河便成了爬道。如果渔民们在江上凿冰捕鱼，往往会使爬犁和大车不便通行。北方人心是善良的。冬天，他们不在大车和爬犁行走的冰道上打冰眼，于是便选择在泊、泡、湖一类的水域上凿冰捕鱼，这样查干淖尔就成了北方冬天最热闹的天然捕鱼场。

查干淖尔真正的冬捕始于辽金时期。据史料记载，辽帝最喜欢吃"冰鱼"。每年腊月，辽王都要率领家眷来北方，在嫩江、大安月亮泡、查干淖尔或达赉湖湖面上搭建帐篷。他在帐篷里把脚下的冰刮薄，薄到像纸片儿一样，这时可以看见鱼儿在冰下游动。看够了想吃时再将薄冰打开，鲜活的鱼儿就接二连三地跳上冰面……历史上习惯把这种冬捕称为"春捺钵"。

捺钵，契丹语，是"行在之意"，指辽帝出行所在地。《辽史·营卫志》载："辽国尽有大漠，浸包长城之境，因宜为治，秋冬违寒，春夏避暑，随水草就畋渔，岁以为常。"而"春捺钵"是指皇帝"从正月上旬起牙帐，约六十日方至。天鹅未至，卓帐冰上，凿冰取鱼。冰泮，乃纵鹰鹘捕鹅雁。"他晨出暮归，从事弋猎网钓，春至乃还。这在王迅的《郭尔罗斯考略》中已明晰记载："北主与其母皆设次冰上。先使人于河上、下十里间以毛网截鱼……预开水窍四，名曰冰眼……"

凿冰眼又称凿冰窟窿，下"串联网"，打水中鱼，这活是最难干的。凿冰洞、下网、起网，一溅一身水，冰上的水也有半尺厚，所以冬天打鱼人身上一身水，衣裳里一身汗，北风像刀子一样，往人身上一"扎"，转眼给你穿个透。江水给衣裳"挂了一层甲"（冻了一层冰），里边汗水也结了一层冰，人在冰上一走，里里外外"咔嚓咔嚓"直响。

冬捕与平时捕鱼活动的不同是，这是一项集体活动，不是一个人能独立完成的，这是需要诸多人的配合，并调动这儿的诸多民族一块参加的一项活动。冬捕就是面对严酷的大自然去凿冰捕鱼。当地人有个习俗，查干淖尔冬捕，谁不去冰上见识一下，谁就不是汉子。这是对男人体魄、能力的一个衡量。在北方，谁没去查干淖尔打过鱼，谁甚至就找不上媳妇。为了冬捕，各行各业都开工作业，木匠打爬犁，车匠造大车，皮匠做皮袄，鞋铺做乌拉，编匠编渔具，麻绳铺打绳织网，割苇的人也忙着编鱼围子……

整个查干淖尔，一片忙碌。

冬捕又使各民族之间、人与人之间得以交流。由于要组织渔业队，打工的小股子、网户达和船户，捕鱼人和把头，各种手艺人，还有鱼店的掌柜和老客，各种大车店和旅店，都有了一种交融和联系。这在某一点上，起到了促进社会的发展和文明进步的重要作用。甚至在冬捕的日子里，动物也得到了重视。马要顶一个"股"到冰上的捕鱼场"拉马轮"；狗要看网房子；牛要拉鱼、运鱼。冬季的捕鱼活动，使人和动物亲近了，使人和自然得到了实实在在的融合。

一切文化和精神在冬捕的日子里得到了全面的展示和传承。查干淖尔冬捕是人类生存成果的一次大的、全面的、辉煌的展示和普及。人的品德、人的生存能力、人的精神面貌，都在这种壮丽的活动中充分地释放出来。

这种从春夏就开始准备了的活动，使人们憋足了劲，要把在冰层下养了一夏一秋的鲜美鱼儿捕捞上来，于是使冬捕活动形成了自己独特的民俗……

严冬，当厚厚的白雪覆盖在茫茫的嫩科尔沁草原上，当老北风呼啸吹刮的时候，查干淖尔壮丽的冬捕就开始了。这时候，土地在颤动，马儿在嘶叫，人们在呐喊。

那是黑土北方的人的一种抑制不住的热情，在心底升腾。

他们戴上狗皮帽子，穿上老羊皮袄走向自然。那是一种回归，是一种原始的生存味道，是一种原始古老图腾的复活和复苏。

在地球上，古人类生存的文化形态至今仍能让人直接去体验和感受这种原始的地方如今已为数不多了。

进入查干淖尔冬捕，有一种走进远逝的楼兰古地之感，又好似来到秘鲁印第安人古老的生存部落，你会感受到大自然在平凡地接纳你，又在生动地拥抱你。

是的，这儿是目前世界上唯一的也是最后一处被自然和人类完整保存下来的渔猎部落。

走进渔猎部落

"俺们上镇赶集，人家一瞅俺们的腿形，一看俺们那手指头，就知是查干泡打冬网的。"今年85岁的查干淖尔渔场退休老渔民刘万祥老人领着我们逼近部落。

带着求根问底的愿望，我又问老把头石宝柱："在查干淖尔打鱼的，以哪一块住的人为主？"他边领着我走边说："就是咱现在渔场所在地西山外屯。可四外的屯子、马架子，从前都是网房子。"于是我明白了，这个渔猎部落是以西山外屯（今查干淖尔渔场所在地）向四周辐射，形成了广泛的渔猎部落网络，就是今查干泡四周的青山头、梁店、马营子、十家子、东川头、波勒台、邱字井、收字井、三陵马场、陈字井、黄字井、玉字井、地字井、天字井、前榆树、大望、下坡子、杨营子等，这是一个原始渔猎部落群体，而核心就是今松原水利局管辖下的查干淖尔渔场捕鱼人集中居住的地点西山外屯。

西山外屯是一处古老而现代的地方。

据《简明不列颠百科全书》记载，部落其实是文化人类学理论中的一种社会组织类型。由有共同血统的民族组成，在政治上暂时或永久结成一体，有共同的语言、文化和意识形态。在一个理想的部落典型里，有共同的部落名称，领土相邻；共同从事贸易、农业、建筑房屋、战争以及举行各种宗教仪式活动。部落通常由若干个小的地区村社（例如宗族、村落或邻里）组成，并且可以聚集成更高级的群体，成为民族。作为一种理想的社会类型来说，文化进化论者都把部落看成是已发展到有等级的社会阶段，最终成为原始国家。部落的统一并不表现为领土完整，而是基于扩大的亲族关系。现在许多人类学者都用"种族集团"这个术语代替部落，种族集团通常指有共同的祖先、共同的语言、共同的文化和历史传统以及居住在同一个区域内的居民集团。

在这里，请让我把摩尔根在《古代社会》中对部落认定概念说一下，它是种族的"血缘关系"，是一个氏族的"传承"，包括民族和文化的存在。就是说，部落要有一个完整的自身生存功能，并长期地延续它、保存它、传承它。而这种功能是科学的并相对独立的。综合以上关于部落的概念我们会发现，现代人也使用这个词，是指这一集团"通常有共同的祖先、共同的语言、共同的文化和历史、传统以及居住在同一个区域内的居民集团"（《简明不列颠百科全书》）。这也是当今世界文化人类研究学者所认定的关于"部落"的概念，在这一点上，查干淖尔渔场所在地西山外屯，正是具备了这些文化因素，而又把诸多习俗融合进现代文化与文明中去。

当人们在西山外屯子里走着，你会发现这里的一切"景色"都和捕鱼有关。各家院里、房顶上、墙头上，统统都晒着渔网；草垛和柴火垛上也放着渔具，连空气中都飘荡着浓浓的鱼味儿。有趣的是上学的小孩子书包上的图案和妇女们过年时剪的窗花，也都是以"鱼"为主题的，村子里的饭店厨师围裙上也织着"双鱼"图案，更有趣的是家家的对联。

对联，又叫春联，这是中国民间过年时贴在家家院门或房门上的红纸条幅，是一种文化传统，而这里都是一些有浓郁渔猎文化气息的对联。如：

人欢马叫齐冬捕

日头冒红财源采

横批：网网见宝

（孙大爷家）

银镩凿开致富路

大掏拖进幸福门

横批：水中取财

（梁大叔家）

贺新春老渔把头多康泰

喜相逢兄弟姐妹四方来

横批：情聚冬捕

（查干淖尔鱼店）

这里的人就连说话都是"渔猎"味道。

平时我们走路两人见面打招呼，往往是问："你好！"对方回答："你好！"可是在查干淖尔的西山外屯，两人见面，一个人问："快当？"另一个人立刻回答："快当。"

"快当"是捕鱼人的行话，就相当于我们平时的"你好"。我们在这里是名副其实的"外人"。他们一句一句的"行话""隐语"让我们目瞪口呆。我和石宝柱大爷走到屯里的下坎处，遇见一位老者，他对石大爷说："来客啦？"石大爷说："嗯哪。弄啥呢？"

"补亮子。"（后来我才知道，是说补渔网）

石大爷问："啥时出的亮子？"（啥时候坏的）

"开始就背'几了'……"（指网绳打得不好）在这儿，家家都挂着美丽的鱼灯。鱼灯是人类渔猎文化的一种传承形式。那真是一些奇特美妙的鱼灯。

在现代文明中保存着传统文化生活的内涵，这是对历史的一种延伸，它的价值不单单在于记录了人类文化的走向，还记载了人类精神的历程，这是除了"部落"以外无法实现的一种地域文化功能。

捕鱼的故事

西山外屯渔猎部落完整地保留着人类生存的一个过程，这是一种独立运行的过程，仿佛是专为渔猎活动生成的。

冬捕，每年一进腊月，就正式开始了。

从前是由"东家"来组织自己这个"网伙"人员的。他们往往把自己一些亲戚、近人、好朋友，有过"过码"的人（就是欠人家人情或交往过甚的人）找来。没"关系"、没"能耐"（本领）的不要。主要是"好使""听话"，又叫"听喝"（听吆喝的意思）。但大多是"小股子"（捕鱼的基本劳力，指一个人）们找东家。看准了，就由爹娘或熟人拿上"四盒礼"（见面礼）来投靠东家，入网伙子。接下来就选定谁为把头。

把头

把头，又叫渔把头，他是冬捕的领头人。

把，其实是"帮"，是指这一伙网的领头、帮头。帮，为一伙之意。但北方人的居住地常常有中原各处的人来此居住和走动，于是可能将

"帮"念成了"把"。另外，把，这个词可能出自我国东北少数民族语言之中，如蒙古族，他们常将英雄称作巴图鲁、巴特尔、巴突儿、巴图，都是这个意思。蒙古语中的英雄，当然就是指民族的头人，于是逐渐演变成了"把头"之音。把头常常由"东家"指定或由小股子们挑选，有些人早已在屯里出了名。渔把头是捕鱼人的主心骨，特别是冬捕，他要从一开始就被人在心中默认他能带领这伙人打到鱼。这就要求渔把头首先要精通选冰卧子的本领，这是极其神奇的本领，俗话说会识"冰"。

识冰，就是会看冰的颜色。冬季，鱼群在冰下喜欢成群地聚集在一块，由于鱼的起堆往往使水涌动，冰面上的雪便微微起鼓，这种冰面是有鱼群的征兆。

接下来是看颜色。有鱼群的冰层上往往结有数个气泡，气泡密集的方向是鱼群游动的方位，这样的冰层颜色发灰。还有就是会听冰下的声音，俗话称"听冰声"。

听冰声，指渔把头把耳朵贴在冰面上，他通过水流声，能分辨出鱼群的位置的一种本领。

冬天捕鱼，几乎就是比渔把头们分辨鱼群居住位置的本领。

据民俗学家王迅在《郭尔罗斯考略》中记载，查干淖尔鱼屯里有一个出了名的孙把头，他能凭着一双机敏的眼睛从冰面上一看便知冰下"哪儿是岗，哪儿是坑，哪儿有沟，哪儿有岔"。他也能听出鱼在冰下"走"的声音。其实，这是他多年的经验和体会。一个有能耐的渔把头谁都抢着去请，如这个孙把头，就是大伙关注的目标。

那时，查干淖尔渔业还没有归渔场管，谁下手早，谁就能占据好的位置。当人家都把好位置抢走后，一些人突然想起了刚刚出门回来的孙把头，于是大家当时很有信心，说："走，求求孙把头！"就这样，大伙去了。

可孙把头却说："别忙！别忙！"

"还别忙？都快冬月初八啦！"

他却说："好饭不怕晚。"

果然，到了冬月初八这天，他领人出发了。说来也怪，别人都在泡面上抢凿冰眼，他却领人去了泡子下梢。他的理论是，人都在上水走动，把鱼赶到了下梢。果然，只一网下去，就打上来12万斤鱼。

这样神奇的渔把头，往往是冬捕的渔业队最盼的。在查干淖尔西山外屯渔猎部落里，一提起像孙把头这样的人物，大伙都竖起大拇指。现在渔场冬捕把头又叫"业务员"，这和从前不同，但本领和技能是一致的。如石宝柱大爷的儿子就是一个出了名的"老业务员"，他的"捕鱼日记"有厚厚的10多本，至今还保存在他家的老柜里。

抢泡子

从前，查干淖尔的鱼又多又好。于是一到冬捕的季节，来自东北各地的打鱼人就会在一夜间挤满了冰面，查干淖尔的人动作晚了点，冰面上就没你的位置了，就是有也是被别人"选"过的，一般都是鱼群过去的泡面了。

打冬网，一般都是在腊月初几。

在这几天前，各个"网伙""鱼队"都已经组织好了人马，单等渔把头一声令下，就齐呼啦地开进风雪茫茫的查干淖尔冰面上去，这便称为抢泡子。

打冬网讲究个"兵强马壮"，是指这一伙人个顶个地要利索。有时马上出发上冰，可是你落下个帽子，他忘了条围脖，如果这种事情出现，渔把头就会说："你别去了。住下吧！"

这人会很后悔，说："大柜，带上俺吧。"

渔把头气得说："带你？你看你，磨磨蹭蹭的，又没吃奶的孩子！连个好女人都不如。"

这时，小股子再三请求，把头也不能再带他。

抢泡子是集体行动，就是要快，一个人拖泥带水都不行。但这种抢泡子的成功与否，又全靠把头的能力。

全伙人到了冰上，把头要迅速识别在哪凿冰下网，全伙人都准备好，甚至运好了气，单等把头一声令下。把头识冰，全靠经验。有时别看这儿有一伙人正在凿冰，但把头一看，他们那凿法已把鱼赶跑了，跑向哪儿？如果是东北风，保准有鱼被震撵到冰的西北口处去了。这时，把头要问对方：

"来得早啊！"

"不早了，刚俩时辰。"（两袋烟工夫）他一听心里早已有数，鱼群跑多远，就有个大概，于是立刻领人上西北。

到了他约莫群鱼走的地卧子，立刻手一挥说："插旗！"

这时，打眼的二话不说，跟着抱旗的跑到把头告诉的地方，立刻把旗插在冰上，开始凿冰打眼，不许再问话，就是快干。

那边冰镩子砸冰声一响，这边解马、卸网、固定马轮子，一切的一切要立刻开始，不允许丝毫的怠慢。这种"抢泡子"，有时也是指渔把头来得早不如来得巧。

渔把头石宝柱属猪，69岁，老家在北方平原大赉县。他从15岁起就在查干淖尔打鱼。

捕鱼是个寂寞的生计，夏季船躲风，人窝在湾子或网房子里；冬天漫漫长夜，网房子里太寂寞，于是唱戏也就成了打鱼人的爱好。

打鱼人也是人，也有生生死死和恩恩爱爱，于是讲故事、说老话（传闻）、哼几句戏文，就成了他们打发日子的内容。

打鱼人，罪没少遭，可也挺好。走到哪，安上锅，网一挂，煎鱼、炖鱼，酒壶一拎。这就是打鱼的。

可是，打鱼的太玩命了。

这叫三面朝水，一面朝天，

天没把，水没底，下去就完。

他们常说："有心要把江沿离，舍不得一碗干饭一碗鱼；有心要把江沿闯，受不住西北风开花浪；双手抓住老船帮，一声爹来一声娘。"

有的人，冬网上不去（身体不行了）只好猫冬。冬网，那是玩命，是拿命来换钱使呀。

冬天，老烟炮雪在荒甸子上奔跑，四野无遮无挡，可打鱼人还得出屋。

荒年乱月，鱼不值钱，有时又冻又累干了一冬只剩下半条棉裤。

冬季，在风雪中冻着，就想死了算了。天底下谁知道打鱼人在这儿遭罪。世上什么都好，就属打鱼的遭罪，走过千山万岭，好像充军发配，冰上洗脸，雪上睡，穿的是破皮袄，盖的是麻花被。这就是查干淖尔打鱼人的一辈子啊。

老渔把头说："冰是我的大炕，雪地是我的院子；鱼也可怜，那是我的儿子。它们一代代的出，我领它们走，走上茫茫的雪野。有时一闭眼，就是一个梦，梦见俺也是鱼，一会儿在冰里窜，一会儿在冰雪上翻个子。有时我想，我不如人家鱼。鱼儿还能在水里自在地游游，我呢，是生活把俺放到风雪呼啸的雪原上，一辈子奔老北方黑土地上的大江沿，就是俺安身的永远的家。"

老渔把头说："查干淖尔，我闭着眼也能知道东南西北。我坐在冰上，用鼻子一嗅，就知道哪儿是大布苏方向，哪儿是陈字井，哪儿是新庙，哪儿是青山头。这儿的雪、冰和地气，都和我熟了。"

看鱼花

严冬，古老的查干淖尔冰面闪着灰色的光泽，那是天空的乌云把白雪涂成了灰色，如果太阳不出来，一冬天都是这样。老北风一起，茫茫的冰面上灰蒙蒙一片，什么也看不清，怎么能分辨出鱼在冰下的位置呢？

但是，查干淖尔的渔民有办法。这儿的古语说："人知鱼性。"这话一点也不假。鱼儿生活在水中，它们其实最识水性，人要知"鱼性"，必须先知水性。在查干淖尔这样大的水域之中，老渔把头找鱼，先要掌握水。第一要牢牢记住夏秋季节，泡子里哪个方位、哪个地方涨水，哪儿涝了。涨水、涝水鱼儿都有变化。水一大，鱼走尽了；而水深处，常常是鱼越冬喜欢居住之地。在夏秋时，渔把头就要记住这一切。第二就是仔细分析泡子上冻的时间。查干淖尔封泡（水结冰称为封泡），每年时间并不一样。封泡早与晚，完全与风有关。如果是东北风封的泡，冬捕时就往偏南的泡地选卧子，因东北风往往把鱼"赶"到了南边一带；如果是西南风封的泡，则要选东北方一带挑选泡卧子。当然，还要看封泡那一夜刮没刮雪，雪片落泡，影响鱼的冬天选位。所以，冰面上某处积雪的深浅、薄厚、大小，都与鱼的多少有直接关系。第三要看坡。坡，指坡度。查干淖尔的湖底往往和平原土地一样，也有高矮坡地之分，而鱼喜欢在坡下一带居住。冬天，鱼的活动能力低，相比夏秋，它不太爱游走。因此，它们往往喜欢找水深的地方，那儿的温度高些，坡地挡水守水，所以是它们居住的理想之处。

接下来就是会看"鱼花"，也叫"看花"。鱼花，又叫鱼泡泡，是鱼喘息时出的气。在冬天，鱼喘出的气会在冰中形成一层一层的泡，这叫鱼花，说明这儿冰底下有鱼。

而"鱼花"又分"新花"和"旧花"。"新花"，是鱼刚吐的，或昨晚上吐的，特征是这些"花"在冰水里还在晃动。晃动，说明有鱼群，老把头正好可以指挥人在此凿冰下网。而"旧花"，又叫"老花"，是指那些已冻结在冰层里的泡泡。这些"花"一动也不动，说明鱼群已经过去了。不懂鱼性的人才会在"旧花"处凿冰开眼。

"花"还分多种，有一种花称为"草花"，把头会一眼认出。"草花"，是水里的草吐出的"气泡"。冬天草一冻也会吐气泡，称为"草花"。而"草花"的特征是一冒到顶，形状是一串一串的，被渔民称为"串泡"。"鱼花"则是一层一层、一片一片的，有明显的区别与特征。这些本事都是老渔把头的看家本领。

雪网匠

在查干淖尔西山外屯渔猎部落，捕鱼人都要会雪网。渔把头又是雪网匠。

雪网，就是用猪血来煮网。雪过的网，就不容易烂，抗使。出名的雪网匠渔把头愿意要。

雪网有很强的技术性，而且用血量很大。往往要派人到镇子上的屠户那里去买血来雪网。渔民们织好网后，先要用牛车拉着大缸或坛子到镇上去。屠户们也都认识打鱼的。一见面他们往往问："来了？"

渔民说："来了。"

"拉吧？"

"拉吧。"

于是，根据网的大小、网的多少，开始往车上装猪血。一趟大网，往往要用一缸的猪血，少了浸不过来，这样的网不好使。

雪网前，先找来一口熬血的大锅（查干淖尔一带的渔夫们都有），在村外的草地上挖出一个大坑，里边垒上锅台腔子，把锅安上后，正好和地齐平。这时开始做"锅镜"。

"锅镜"，是套在大锅上的柳条子编的锅套。

东北平原盛产柳条（柳树枝子），这是渔民们时刻离不开的用来做锅镜的材料。割来的柳条子，按锅的大小，编出一个比锅大一圈儿的"锅"，套在大锅上叫"锅镜"。这个"锅镜"，一人多高，坐在锅上，四外用泥一抹，把锅套住。

这时，再要用柳条编一个大帘子，放在锅上，把用猪血泡完的网放在这个帘子上，然后再盖上盖，用泥一抹一封，开始烧火。

锅里的水哗哗开了，网在帘子上被熏，这就是"开雪"，也叫"蒸网"。水开了，网蒸熟了。大约经过10—20分钟，立刻停火。在此之前，蘸过血的网，已经在草甸子上晾干了，现在经过一蒸，血已经渗进绳的纤维里去了，这就叫雪网。这样"雪"出的网，打鱼时好使，而且出水就干，是索网。吉林东部江河一带的渔民也有不雪网，只用"白网"的习惯。而麻网和线网都得雪，雪后不但改变了网的颜色，也增加了网的寿命。雪网的过程，就像一场古老的戏剧，在北方的平原上，在查干淖尔渔夫中一代一代流传。特别是在凉秋季节，北方草原阳光充足，风也清凉。刚刚蘸完猪血的网，铺撒在平原草尖上晒，网一片片地在阳光下闪着亮光，很有韵味。

还有的人家喜欢用"猪吹泡"来装血，这样便于收集和贮存猪血，然后将网放进里边揉搓。这其实是一种古老的民间工艺，也是打鱼人必须要会的一门手艺，而每一家都是雪网老作坊。

烧钩和挤钩

打鱼的人用钩。

在查干淖尔，渔夫们的捕鱼钩是烧出来的，而且要用醋来浸泡。

先把钢丝按在模子（坯子）里，一个一个搣出（弯成）弯形，然后开烧。烧时，把搣好的钩满满地装进一个坛子里，放在熊熊燃烧的火上，烧得那坛子变得通红，红得透亮，连里边密密麻麻的钩都看得清清楚楚时，再把坛子架起来，放在一个木托上。

木托的下边，是一个装满陈醋的大盆，然后人用铁棍照准烧红的坛子猛猛击去，只听"哗啦"一声，坛子粉碎，又"吱啦"一声，腾起一片雾气，空气中弥漫着浓浓的酸味，钩已全部落入醋中。这不禁使人想起古时干将莫邪的造剑。但干将那时是用"风"来淬火，而查干淖尔人的鱼钩是用"醋"来淬火，物件不同，方式却同样充满了神奇色彩。我问查干淖尔人为什么用醋淬火，他们说不知道，只是祖上都这样，于是他们也这样。但从科学上说，醋淬火是酸分解淬火，这样会使冷搣的钢鱼钩更加硬挺和锋利，这也许是查干淖尔人的创造与探索。

挤钩又叫"系钩"，是指拴钩。

这在一般人看来，是一件很平常的事，可是在查干淖尔，这挤钩系绳却是一道绝活。挤钩是指系在捕鱼钩上的扣。扣，就是绳套，套扣怎么系、怎么拴，很有说道，不然系不好、拴不住，一扯就开。这种钩是片钩，一片20个钩，一套片上要100多个钩，个个要打扣子。系这种钩，全靠心劲和悟性。系时，用大拇指和食指捏着绳经，手腕子向前一走，立刻收回，下手往右一掏，两个手指头再一压，扣就出现了。出现后，四个指头同时拉紧，这叫"收"。收的时候带有实验性，试一试紧不紧，开不开，然后再往"钩台"上拴。这时的本领是第二个阶段，套上去立刻拴好，不然举着累死你。

挤钩全用小细经麻，绳硬实而又皮实。那钩经过磨和锉，得到开刃（东北土话，使之锐利），加上绳细，很不容易系，这全靠手艺。老挤钩的一天挤上百，小挤钩的挤不上十个八个还往往开扣。这真是查干淖尔的一项古老的手艺。

有时，我简直不敢相信自己的眼睛。记得世界各地孩子们都玩一种游戏叫"翻绳"，两个人在手上掏出一个绳套，双方互相翻着，变化出"蝶儿""小燕""网片""手绢"什么的。可那是些稚嫩的孩子们的小手。而在这儿的捕鱼部落里，那些七老八十的老人们，那些看上去笨手笨脚的老头老太太们却能拿出两条或一条的细麻绳，用他们结满老茧子的手指头，灵活地"挤钩""系绳""编花""系朵"。不是亲眼所见，简直不可思议。

绳匠

在查干淖尔，渔民要会各种手艺，除了雪网，还要打绳。打绳又叫打麻绳。由于捕鱼用的各类绳索较多，打鱼人买不起现成的绳，就得自己打麻绳，所以渔民又是绳匠。冬捕虽然从冬季开始，但在西山外屯一带其实一年四季都在为冬捕准备着、忙碌着。打绳往往是在深秋初冬或早春的季节。

每年早春，忙碌的冬捕已经结束，湖上的冰雪在悄悄地消融。雪由白色渐渐地变成灰色，空中整日散发着蒙蒙的潮气，打绳的日子到了。

在湖边或在村头的开阔地上，渔夫们三五个人为一伙，双手握住绳车子的老木帮子，腰和屁股朝一个方向拼命晃动，胳膊也使劲地抡开，俗称"叫劲"，由一个人"续麻""编股"，这就是打麻绳。

春季的查干淖尔，天还是出奇的冷，可查干淖尔渔夫们却集体在寒冷空旷的荒原上一齐扭着腰身，一齐叫喊着给绳车子上劲打麻绳，发出"啊呦！啊呦"的声音，很好听，却又非常的单调。可是这却使沉睡了一冬的查干淖尔热闹起来了。

打麻绳所用的工具主要有这几种：

绳车子、拐子、瓜（又叫走瓜）、摇板子、捞子等。

绳车子是主体工具。两个大架，一边一架，一米多高，用粗木制成；上边的横梁处有眼，便于打绳时固定。

拐子是安在绳车子上的活动的横梁，又叫"拐木"。这是打绳时由绳匠双手把握的工具，靠摇动它来上劲，又叫"叫劲"。

瓜，又叫"走瓜"，放在绳车子上的麻经中间，用绳子的"劲儿"（拧）来推动的工具。劲儿走到哪儿，瓜走到哪儿。

摇板子是一块木板，上面带三个眼。麻经从这里发出，送往"瓜"走的线上。它靠着摇把拐子，可以活动。

捞子是"拿"绳的用具，便于绳的收、卷、捆等过程。

打麻绳的整个过程是先把麻披纺成经子（小细绳），然后一团团地分好。上绳车子时每三个为一"革"（也叫一拧），用绳车子来"革"，三个摇把子一齐使劲儿，但不朝一个方向。这样绳子才能拧成劲儿，用劲儿去推动"走瓜"往前走；三个横劲儿走到哪，瓜就走到哪。要注意的是千万别前后一起使劲儿，不然"革"（合）不上。前边三个人摇，后边一个人摇，看哪个"劈子"（合成劲处）松，哪个"松"，再摇哪个。

渔民绳匠打绳千万要精细，尤其是"网梗"（就是拖网的大掏），和别的绳子不同；它要的是"外劲儿"，一般的绳匠干不了。外劲儿，是指打绳人外边的要往左使劲儿，里边的要往右使劲儿，不然就会使打出来的绳出钩，这叫"打背几了"。

打背几，是指麻绳匠的手艺不行，丢人，而且这种绳根本不能使；两个钩碰到一起，撒网时绳"打架"，这叫不顺气。

打背几又称"疙瘩套"，就是指绳出疙瘩。疙瘩，不顺利、不顺畅、不吉利。从此，这个绳匠就再也无人请他，把头也不让他入伙。

穿草鞋

在查干淖尔，冬季捕鱼上冰前，要先选出领网的。领网的人往往被冬捕的人称为二把头。顾名思义，领网，就是指带领这伙人实际在冰上作业的人。

当把头观察完下网点，他还有诸多的事情要做，什么卖鱼呀、接待来客呀，都由把头去做，于是冰上的活就交给领网把头领着去干。

领网把头要懂得捕鱼各个环节中的俗规和技术，比如需要"穿草鞋"或"摘挂子"时，领网的要及时发现，并组织和指派"小打"也就是"跟网的"去处理。领网人，心眼要正，一碗水要端平。该谁的活，就由谁去干，不能看人下菜碟。不然时间长了，他在冰面上失去威信，跟网的就会和他有二心。

冬捕中有一个名词，叫"穿草鞋"。这其实不是真草鞋，而是指谷草捆、谷草把。冬季冰下捕鱼，是技术性很强的一种渔猎活动，要把偌大的网在冰层下展开，而送网要从事先凿开的冰眼（冰洞）下网，用一种叫"扭毛走钩"的杆子，在冰底下往前送。由于冰下的泥地都不是平地，有时就是草根、树杈儿、石沙、高岗或大坑，不利于网的运送，就得"穿草鞋"。穿草鞋其实又叫"拴草鞋"，是指在网进入到这样的地段时，在网边底绑上一捆捆谷草，使网在冰层底下的塘泥上便于滑动。于是，这"穿草鞋"就成了捕鱼过程中的一道绝活。

在网由冰眼下到冰底时，把头在"青口"或冰面上来回走动，观察网运送的速度，一旦发现网走得慢了，就知有不顺畅的地方了，于是就大喊："穿草鞋！"

把头的话，就等于命令。这时，专门有一个叫"打串联"的人，答应一声，立刻抄起"串联杆子"（一种5—10米长的杆子，头上有一个尖，顶上带个钩）把一捆谷草钩在上面，然后从出问题最近的网眼下杆子，将杆子和谷草捆对准那儿的网扣，手腕一打，杆子带着谷草捆顺直往前运行，并准确地垫在网下的不平处。这就叫"穿草鞋"或"拴草鞋"。查干淖尔冬捕捕鱼队中有诸多的打串联钩"穿草鞋"的能手。这些人一要迅速理解渔把头的意图；二要及时判断网在冰层下的复杂情况；三要会用腕劲。

这"腕劲"又称"腕功"，是指你在抛出杆子时，带着谷草捆的杆子一定要在冰层下通畅运行，而且到了挂草鞋的地方，杆钩一定会与草捆自动脱离，不然不但送不好"草鞋"，还会影响网的整体运行，这就全靠手劲了。

为了练打串联杆子的本领，查干淖尔人平时就玩"串老头"和"打瓦"，这都是嫩科尔沁草原和湖泊一带牧民和农村人人喜爱玩的一种民间游戏。渔夫们往往从很小就接触到了这种活动。"串老头"是用树条或高粱秆做用具，比谁能在5米或10米开外的土地上，用这种东西射向远处的土坯，射偏者为输，射准者为赢。"打瓦"玩法与此相似，不过用具往往是土坷垃或石头，通过抛、撒来击中目标，以决输赢……这一切活动，从小就练就了查干淖尔渔夫们捕鱼时使串联杆子"拴草鞋"的本领。

摘挂子

东北平原的冬鱼是那么的鲜美，可是鱼儿却是打鱼人用命换来的，其中摘挂子就是一种玩命的绝活。

上面说到，往冰层下送网，并不是很顺利，如果单单是冰层底下不平不滑，"穿草鞋"也就解决了，可问题是有时不是"穿草鞋"就能够解决的，那就是网在冰层底被树杈儿或石头死死地刮住，必须要有人下去处理才行，这就是渔民俗语说的"摘挂子"。

古老的查干淖尔，流传着许多动人的传奇。

有一年，东风渔业队老北屯渔业组的一个网队开进了大湖。凿开冰眼，网下了一半就卡住了，把头命人下了8套串联杆子，网还是纹丝不动，这时把头喊："摘挂子！"他的话一出，冰面上一片沉寂。

按以往的规矩，这摘挂子是谁头一年进网就是谁，可偏偏这年刚来的是一个叫五亮子的孩子。这孩子家在大安北，从小没了爹，初冬娘得了病，死时他向棺材铺赊账，说这一冬跟套子挣钱还款，这才进了老北屯渔队，那年他才16岁。

一听渔把头喊"摘挂子"，他吓得直往爬犁架子后头躲。

渔把头杨老三说："你躲也没用。这是规矩！"

五亮子死死攥着爬犁架子，哭着说："俺还有三个妹妹呀，俺一死，该人家棺材铺的钱还不上，我这个当大哥的，不能眼瞅着妹子去顶账呀！"他的话，说得大伙都落泪了。这时，渔把头杨老三的本家领网的孙德来说："把头别逼他了。俺下！"

随后，他对大伙喊道："还愣着干什么？快去准备棉被！"

说完，他不等大伙回应，自个儿脱掉棉袄，摘下棉帽子扔在冰上，回身一个猛子扎进冰眼儿里去了。

北风在空旷的冰雪湖面上吹刮着，阳光照耀着冰面上的破棉袄。五亮子突然从爬犁后面冲出来，扑在孙德来的衣服前，"扑通"一声跪下去，叫喊着："大叔，俺不会忘记你的恩德呀！"他抱着冰面上的棉袄哭开了。

摘挂子的人不但要水性好，而且还要会在冰层下换气，同时动作要迅速。因为户外的气温已下降到零下40摄氏度了，冰层下的水温也在零下呀。时间一长，人的心脏功能减弱，血管温度降低，人就会窒息而亡。而人一旦出水，上面的人要立刻抢救。先是把人用棉被一裹，立刻扛到网房子里去，但一定不能马上烤火。因这时人的肌肉和皮肤已经冻结，烤火加热就会脱落，血管和肌肉坏死就不可救了。有足够冬捕经验的查干淖尔人一见摘挂子的人上了冰面，要立刻将此人用棉被卷上，扛到网房子外屋，展开棉被，先用白雪给冻昏迷的人搓身子。

搓时，要先搓胸口和手脚及耳朵。因胸口不搓热，心脏就会在短时间内丧失功能，不能调动周身的细胞使人复活；而手脚和耳朵，都是人体的神经末梢，动作稍慢点儿，这些部位马上就会变黑，血液凝固，从此烂掉。

经过一阵冻雪猛搓，人才会有知觉。这时，还不能马上抬上炕去，还要接着帮他活动手脚，并给他灌上微微一小盅烧酒。当他脸上有了点血色，才立刻抬到火炕上去。

所谓领网的处事要正，这在今天集体渔业捕捞过程中有许多方面体现

捕鱼的故事

得已经不太明显，而在从前，各"小股子"（跟网的）统统都是自己带着捕鱼工具前来入股，下网时怎么使、怎么用，完全由领网把头说了算。特别是网从冰眼里拖出来时要迅速洗净，然后上垛、码好。不然时间一长，网容易冻，坏得快，这就费网。

所以，领网的把头指挥哪片网先叠快码，谁先干哪块活，都是很有说道的。冬网的集体劳作使分工越来越细，这使得大家谁也离不开谁，大家相互制约，又互相发挥着作用，于是促成一种文化和规俗按着一种地域和捕鱼行业的道德观念完善和传承着。

跟网的

跟网，就是指直接操网的捕鱼人。

这是一个冬捕网队的主要劳力，其中又有许多详细的分工。一张网320丈长，头前的大绳叫"大掏"，要由专人将大掏递给马轮手，拴在马轮上拖拉。大掏两侧是"网翅"。如果打串联网，网翅两边必须一边8个跟网的；如果4个网，头前就得16个人，这些人被称为拉套的，又叫"拖套的"。他们的任务是把刚从冰洞中缓缓出来的网紧紧拖住，向顺着马轮的方向拖去。

冬季，冰面上奇寒无比，出冰的网如不迅速倒向一方，往往打卷拖坏，这活要麻利。同时，拖网的还要摘鱼。就是把挂在网上的小鱼、小虾什么的，一个一个捡净。这是使网保持干净清洁，同时也是防止网上的鱼虾在夜间招引野狼、野狗前来撕网，保护网的安全。跟网的还要时时修网。

网在冰下作业，往往会被石沙、泥块、树根、草碴子刮坏。有时会被鱼嘴、鱼鳞划断，有的鱼也咬网、扎网。这样，时时补网就成了跟网人的活计。跟网的人每人兜里都揣着线绳和补网的工具，一旦发现出冰的网破损，要立刻修补。这些活计都要由跟网的小股子干。

小股子

"小股子"是冬捕网上最普通劳力的称呼，就像学徒工或是"小打"一样的。"股"，指一个劳力，一个"股份"之意。因从前打鱼都是一伙人互相凑在一起来进行，这就有各自带来的工具不同、人的名望的不同、年龄的不同、能力的不同等等，所以把整体利益所得分割成若干"股"，于是一个基本劳力就算一个"股"，分解到一个人就被称为"一股子"，所以一个基本劳力就叫小股子了。

小股子在冰上作业也有分工，主要是网队上的力气活和杂活，不带多少技术性，都由小股子去完成。比如说，冬捕冰上最多的活计是"拉套网"，就都由小股子去干。

拉套网，又叫"拉套的"，是指当网从冰眼里出来时，大掏的一头由马轮子拖，而网边和网身要时时有人去拖拉和保护，这就由拉套小股子去做，俗称拉网小股子。还有什么"跟马小股子""镩冰小股子""抄鱼小股子"等等。总之，网上方方面面的力气活，都由他们去干。

小股子是一个渔把头的童年。

就是说，每个渔把头都是由小股子一点一点"熬"过来的。开始当小股子，然后当跟网的、领网的，最后才能当上把头。如果连小股子的活计都干不了，那这个人是一辈子也当不上渔把头的，这就叫多年的媳妇熬成婆。

提起查干淖尔冬捕，渔把头杨凤清说他当小股子的故事一辈子也说不完。

　　他从14岁开始打鱼，过去叫"拴人家网纲"，干小股子。有一年他牵一匹马，算一个股，自己挣一个股，上冰去三天，穿个大皮袄，三天回来把皮袄丢冰上了，累得上不去网房子炕。第四天头上，打大网的把头看他小，说："这孩子挺灵，在厨房当小打吧（干零杂）……"

　　那时，东家有时也得听渔把头的，于是也就同意了。开始，他留在大厨房。网房子有两处厨房，一个是大厨房，一个是小厨房。大厨房是给小股子们做饭的；小厨房是专门给把头、东家、领网的和来买鱼的老客做饭的。头一天挺好，第二天打鱼的从冰上回来了，进屋就问："昨天谁蒸的荞麦卷子？"二师傅说："我……"

　　话没说完，冰上的小股子们一个个从怀里掏出冻得梆硬的荞麦卷子，叮咣地就往二师傅身上打，打得他上炕钻大柜里去了。原来，昨天的荞麦卷子没蒸熟。这些小股子们没吃，都揣怀里带回来打二师傅来了。

　　这些打鱼的都生性，边打边骂。

　　他岁数小，哪见过这个，吓得直哭，从人缝里挤出来抱着头跑到小厨房去了。

　　把头一见他哭，问："哭啥呀？"

　　"打冒烟了。"他把事情经过说了一遍。

　　"打你了？"

　　"没有。可我害怕。我要回家！"

　　把头二话没说，穿鞋下地去了大厨房。将那些"闹事"的小股子们一顿臭骂，好了。从前就讲究骂，把头以他的威风压人。没威风的人当不了把头。把头回来了，见他还在哭，说："今个少打了一网，送饭的卷子蒸生了！别哭了，没你的事。"

他说："我不干了，牵马回家。"

把头说："你家老远了。能找着吗……"

把头这么说，也是真的。当年，他是和叔叔、表哥一块从河北吉头镇闯关东来东北的，如今他们几个都分开了，如果回关里，真是又远手里又没有盘缠（路费），可是他嘴硬，说："能找着。我和老客拉鱼车走……"

把头说："当初是你哥把你托付给了我。这样吧，你上小厨房吧。"对他说："老兄弟，你就好好干，一定照顾好老客。"把头叫张久龄，此人黑白两道都通，二把头管后边的事，也是网上的"要人"。

他每天就一心一意地给拉鱼的老客点烟上茶。这天一早，张久龄说："老兄弟，明个买点东西。"

"买啥呢？"

"买两包梨，买两包烟。再买几块肥皂，三两条毛巾！再买两斤茶叶。"

他说："钱呢？"

"账房拿钱。"

他当时挺害怕。心想，钱拿不出来不得算我的账上吗。把头看出来了，说："你放心，不放你账上。"

于是他就去账房支钱，交给拉鱼车上掌柜的了，说："麻烦你明个上大赉去，给捎回来吧！"从前这种拉鱼的车子叫"冰车子"，整天来往于冰上和集上鱼市。

第二天，冰车子回来了。把买来的东西交给他。张把头说："把毛巾肥皂放外边，剩下的东西放后屋。"网房子后边有个仓库，先生叫吉刚，给他一把锁头，叫他把小柜锁上。在他们网房子的小厨房大炕上，一共住了十来个买鱼的各地老客。第二天早上，他早早地给他们打来了洗脸水，热乎乎地端到当间马凳子上去，看他们洗完了，又把毛巾递过去。

老客们一个个舒舒服服的。他又给老客们盛饭、倒茶水，一个一个的，伺候得好好的。这天晚上，他给老客拿个泥盆缓了一盆冻梨，又沏上茶水，给各位端上去了。

老客们喝着茶水，吃着凉瓦瓦的甜冻梨，抽着烟卷儿，一个一个的乐了。

老客们乐了。这个说："小嘎子（小孩）不错呀！"那个说："这小嘎子有眼力见儿（会来事）！"他天天这么维护着这些老客。这些老客们也每天赶集把鱼运出，又返回来。他们回来时兜里有了钱，就赏他"小柜"（小费）。"来，小嘎子！给你拿着。"有的赏一百，有的赏八十；这个给个帽子，那个给拿条烟或糖块什么的。

而更主要的是他们的鱼都被这些老客买走了，这是打鱼的"交老客"。

转眼间快到年跟前了。这时，跟网的、把头们一个个看他有"花红"（外捞）了，就开始有点"眼红"（妒忌）了。

有一天，他们从外边走进来，一个个的梨也要吃，烟也要抽。没法子，他都得给，都得答兑，都得开付。但是，表面看他还有些积蓄。

最后，一冬天过去了，冬网结束了。这四十多天，他挣一个股，可最后一分好像比"跟网的"还多一些，其实主要是外捞。

扣网（停网）那天，烟还剩两箱半，他用一个手巾兜着往回走。这时，李把头说话了："小崽子，这点玩意你别独吞了！"说着，把头上手了。其实，他没挣着啥，他就是把这些烟都算上才是挣。可是，把头把他的烟分给大伙了，凡在小厨房吃饭的都有份。等张把头从冰上回来，他已经落了个精光，站在门口哭。

打鱼打鱼，网房子就是一个世界，啥人都有，啥事都能遇上啊。

马拉子

马拉子，就是冬季捕鱼赶马轮的人，又叫"喂马的"，这也是一伙网队里非常重要的角色。北方平原把马儿养得浑圆而健壮，马对这里的人有一种与生俱来的依赖，马和与它生活在一起的人是很熟悉的。这是因为像马拉子这样的一些人都了解马。在北方，了解马，就是了解人自己。马拉子首先要会挑马、相马，所以人们往往又管马拉子叫马贩子。

从前，在东北有许多大的马市，如范家屯马市、老黄龙府（农安）马市、前郭尔罗斯马市等，在冬捕到来之前，这些马市"开市"。这时，马拉子要立刻去集上挑马、相马。

马轮子上使用的马讲究个头不太高，但要那种腰脖粗壮有力的蒙古马，这种体型的马喜欢在马轮的套子杆下奔跑。说马拉子是马贩子这话一点不假，他们精通相马的各种技术。如：

一看口齿毛色，

二看身腰蹄腿，

三看五官槽口，

四看前裆后腚。

什么《选马歌》《相马谣》他们都背得滚瓜烂熟，而且他们要懂得马市上的"袖里吞金"（就是指不用嘴进行讲价，而是两个人袖筒对袖筒手指头在里面捏价），行话叫"捏嘎"。捏价时如果买方给500元，卖方嫌少，不说少，而说"这个价打不开"；如果钱给到价，就说"打开了"。

在查干淖尔，到处流传着马拉子相马的故事。有一个老渔把头叫梁喜山，从前就是选马的好手，一次冬捕前他到大赛马市上买马，一个马贩子见他是乡下人打扮，一匹不怎么样的马开口要了个"天价"，可是梁把头硬是不信那个邪，他说："这个数你打不开！"

那人说："如果能打开呢？"

他说："如果能打开，我躺在地上打个滚变成个兔子让你牵着走！"这话使那人震惊，这话也让梁把头说着了。由于对方要的价太高，一直到天黑快散市了马也没出手，最后还是让梁把头把这马买来了，从此"梁马拉子买马"出了名。

马拉子不但会选马，还要会"使马"。冬天马在冰上拉马轮奔走，十分不易，首先马拉子要心疼马。

赶马轮的人讲究会使鞭，他往往通过吆喝和挥手、踹脚，用胳膊去碰等声音和动作，来给马以快、慢、紧、缓的拉动信号。他一般不使鞭子抽马，他往往在马头和马耳朵的上方甩动响鞭，以此驱使马奔走。

冬季冰上赶马，不同于马在路上拉车或犁地，这是使马转圈儿走，而马拉子又和马紧紧靠在一起，所以他非常熟悉各匹马的力气和脾气，并且他要时时地注意，自己别被马踩着，要学会"躲"。再就是马拉子一定要会喂马。

马拉子又叫"喂马的"是有道理的。这些马拖着上千斤的分量整日在冰上奔跑，体力消耗很大。套子马讲究吃好喂好，夜间马拉子一定要起来泡一盆豆饼水让马喝了，以便增加马抵抗严寒的能力。对于那种不懂马、不疼马的马拉子，冬捕的渔把头坚决不要。同时，马拉子还要会"打串钉掌"。

"打串钉"，又叫挂串钉子掌。在查干淖尔是指给在冰上拉马轮子的马挂掌的一种手艺。查干淖尔的渔夫们个个都是使马、养马、选马的能手，他们深知马的习性，也特别知道疼马。在冬季的查干淖尔，马和别处的不一样。这儿的马，冬季在冰上拉网奔走，它们的脚上挂着的掌不是皮掌或铁盘掌，而是一种叫"串钉子"的掌。

在这儿，铁匠炉的铁匠们不用问，只要是冬季牵马来的人，他们知道是上冰。给上冰的马挂掌，就决定了铁匠的手法。"打串钉子掌"叫"挂"，挂是马蹄子的铁盘，先打上铁盘，到冰上一走一磨，串钉立刻出现，咬在冰上"咔咔"地响，就成了"串钉"（或叫"攒丁"）。

这种绝活，只有查干淖尔的铁匠们会，而大多数渔把头也会。不然就得花钱去打。为了生存，渔把头们什么活计都要学到手，这种绝活的技艺在"掌叶子"上。掌叶子是钉在马蹄子上的"盘"，叶子半壳里打上掌钉。当拉马轮子的马在冰上一使劲儿，那串钉立刻出来咬住了冰，使马在冰上不打滑，蹄能咬住亮冰地，用上劲地拉网拖掏。等一趟网下来，要立刻给马换掌叶子，这一换，直接把串钉带下来了。但如果手艺不好的铁匠或渔把头，把串钉镶得过深，换掌时就不能把钉直接带下来；若串钉镶得过浅，不等马走到网眼就露钉子了，这就不是好手艺。

掌叶子的串钉为三角形，带膀带翅。给拉马轮子的马换串钉掌，都得老铁匠或老渔把头亲自去干。

看守网棚

冬捕，从凿冰下网到起网，往往需要漫长的过程，于是夜里冰面上就要留人看守网棚。寒冷的冬季，茫茫的冰面，空荡且荒凉。

凿开的冰层已透了气。鱼的气味已浓浓地升起来，弥漫在大地的空气里，连冰块和雪花中都饱含着鱼的鲜嫩气味儿，于是鱼鲜气息招来许许多多的"不速之客"。本来冰面已经没有了鱼，因为当天网上的鱼当天就拉回渔场去了。可是，一些小的鱼，或摔掉的鱼肉碎片，以及没有运走的网上挂着的小鱼虾，这些都成了冬夜四处觅食的动物们的目标。

觅食本来是世间一切生灵的合理行为，可是查干淖尔冬夜里的这些不速之客往往在寻找吃食的同时，不是撕碎了网片，就是扒破了"上网"的"青口"（出网的地方），使第二天的捕鱼无法进行。于是，看守网棚的人必须在夜间防止这些野兽来觅食。

查干淖尔冬夜，冰面上来的不速之客主要是狼、狐狸和野狗。傍晚，夕阳沉下雪原尽头，四野渐渐黑暗起来，这时它们出现了。狐狸和野狗胆子小，而且显得谨慎，看守网棚的人往往使一杆扎枪或点燃火把就能吓走它们。最难对付的是狼。

查干淖尔草原上的狼的凶狠和狡猾是出了名的。它们往往和看守网棚的渔夫动脑筋、比毅力，这也许是查干淖尔狼的特点。为了看守网垛和出网的"青口"，网棚统统搭建在离"青口"很近的地方。

天黑以后不久，当偌大的查干淖尔冰面上寒风吼叫的时候，狼们便结伴而来了。

它们似乎早有分工。一些狼坐在冰面上，团团围住网房子窝棚，一些狼就去"青口"那里捡鱼或去翻动网垛，待那些翻网的家伙们吃饱之后，再来替换坐在冰上围困窝棚的伙伴。查干淖尔冬季的寒冷，使求生的狼仿佛也变得十分乖顺，它们能几个时辰或一宿一动不动地坐在那里"监视"着网房的动静，任凭寒风吹刮着皮毛，或屁股冻结在冰面上。

可查干淖尔渔夫有专门对付查干淖尔狼的办法。

看守网棚的人首先要选出上好的狗并携带铁丸火枪，那是渔夫们自造的杏木疙瘩老枪，喷射力很强。守棚人一定要在众狼中一眼就认准哪只是

"头狼"，然后使老枪一枪击准它，它一跑，众狼便随着撤去了。

看守网棚对付野狼，那是一些神奇的夜晚。

据说有一次，冰上的作业组起网晚了一些，到黄昏时，冰上的鱼也没拉完，于是就决定多留人在冰面上看守鱼和网，和人同时留下的还有一条叫"白塔"的"围狗"。查干淖尔管狩猎叫"打围"，于是狗叫围狗。这围狗是一名渔夫花了大价钱从八朗的老猎手手中弄来的。白塔看上去有些笨拙，走起路来也是一摇一晃的，可是在守鱼的那个夜晚，它独自对付七匹野狼，成为查干淖尔人人传颂的名犬。那天晚上，当群狼袭击鱼垛时，白塔在主人的带领下向饿极了的狼们猛扑，它终于把狼群击退了，可是它的前脸被狼撕下了一半，耷拉在下巴上。当黎明的太阳升起，白塔跟着主人往回走，时不时地用前爪把掉下的皮肉扶起来贴上去。它昂着头走进村子，渔夫们都掉下了眼泪。

做饭的

做饭的也被列入冬捕作业的重要分工之中。每一伙网队在上冰前，都必须选好做饭的，这个问题在今天看来，简直不是个问题，查干淖尔冰雪旅游节期间，渔场食堂和饭店都24小时日夜煎鱼、炖鱼，而且各家也都开办了查干淖尔"鱼馆"，专门把香喷喷的鱼做给来客。同时，在冰面上作业的人分班次回到渔场就可吃到热乎乎的饭菜。可是从前却不行，必须招专门做饭的人来为冬捕的渔夫做饭。

网房子的饭分两等，有大厨房和小厨房之分。

小厨房，这是专门为大把头、二把头和买鱼的鱼贩子们预备的，里边有一铺大炕，整天烧得滚热，而且有炒菜。还要给长住的（如猫冬的胡子、土匪）和买鱼的老客预备香烟和茶水。

大厨房就是专门给冰上作业的普通渔夫做饭的地方。这儿网房子大，墙上挂满厚厚的白霜，外屋地的锅灶上整日蒸着豆面卷子。豆面卷子是一种"硬食"，用北方黑土地上产的大豆压成粉，掺杂苞米面蒸成，吃起来筋道，抗饿。还有黄米面做成的豆包。一个菜就是白菜土豆炖粉条，管够吃。粉条是土豆淀粉做成，是东北民间饮食特产。

但是，做饭的如果侍候不好他们，那可是不得了的事。每天，冰上作业回不来，到吃饭时，要由做饭的把饭给送到冰上网地。俗话说，冰上捕鱼的小股子一个个在冰天雪地里捕鱼，浑身已经冻透，巴不得从心里希望人们恭敬恭敬他们，特别是在吃喝上能好好地待他们。

小厨房的厨子讲究刀工、火候和绝活，因为所有来这儿吃饭的都急，还讲究菜的质量。有一年冬捕时期，青山头网房子涌来了十多个收鱼老客，为了招待好这些人，渔把头特意从"船厂"（吉林市）请来了名厨"半袋烟"。半袋烟大名叫胡一青，他的外号是自己起的，意思是世上所有的菜他只需半袋烟的工夫就给你端上来，可是在查干淖尔他差点栽了。那天，一起来了五六伙买鱼老客，他一个人上灶，有点招待不过来，有一个从辽北玻璃套子来的拉鱼老客就骂上了："咱们也不是人，坐这么半天连碗茶水都没上来。走，咱不吃了，换地方……"说完下炕穿鞋要走。半袋烟一听，事情闹大了。因为在打鱼的季节里，得罪谁都行，就是不能得罪客人。于是，他立刻迎上来对那位老客说："大哥，您别介，您看我这客多，也没照顾好。这样吧，您看着啥菜好，您点，我半袋烟的工夫给您端上来……"于是又高喊一声："给客人上烟！"

小打立刻跑来给这位要走的买鱼老客点上了烟。

这老客也就僵住了。人家这样热情，别走啦，可是为了挽回自己的面子，他点了一道"火爆活鱼"。

菜名一出，炕上、地上所有的人都愣了。冬捕虽然天天和鱼打交道，但鱼一出冰，往往很快就被冻死了，就是活着也是"生命垂危"，但既然客人点了这菜，半袋烟一口答应了。他让客人脱鞋上炕，这边和小打去"青口"抱回一条足有四斤多重活蹦乱跳的大鱼，只见他先是用酒盅给鱼灌下一盅白酒，接着一刀将鱼从中间片开，把那有鱼心鱼泡的一半平放在案子上，接着手托这一半迅速去鳞，按在案子上只几刀就剁成数块。那边，大锅已烧好，放上豆油，葱、姜、蒜炸锅，接着把鱼块往里一放，"哧拉"一声香味四起，接着又放一勺豆酱。当老客脱完乌拉（wūlā，也作靰鞡）刚要坐下，这边一大盆爆炒鱼块已经端了上来，再一看案子上，那半条鱼的心还在微微跳动……

鱼店掌柜

捕鱼，就是为了卖。

一般的鱼，捕上来之后就有老客直接拉走，或卖给集市上的鱼店，而较大的一些网队自己有鱼店。

那时，查干淖尔的捕鱼队在老扶余、大赉、三江口、三岔河、沙吉毛吐、镇赉、卜奎、江桥、平阳一带开有大小不同的鱼店，专门出售从查干淖尔捕来的鱼。

由于鱼店掌柜是整个冬捕渔业队的最后一道工序的主要负责人，所以他的任务十分重大。他要兢兢业业，不至于把小股子们辛辛苦苦捕上来的鱼卖贱了；他要熟练掌握市场行情，不被"吃鱼市"（专门在集上骗鱼店的人）的给糊弄了；他要一心一意，没有私情；等等。总之，他是一个明白的人，是一个精干的人，这才能当上鱼店掌柜。他还得讲究装饰鱼店和交人。鱼店的店幌，就是"鱼"。往往用许多大鱼码成一个"垛"，叫人离远就能看见，叫"鱼幌"。鱼幌又分多种。有的是几个大鱼搭成"井"字架，说明有大鱼；有的是把不同的鱼交叉摆在一起，说明鱼的种类齐全；有的是用那种长圆形的"鱼筐"盛鱼，一筐筐地摆放在鱼店门口。或放"鱼招子"，一种类似风筝的鱼幌。

鱼店除了成车的卖鱼外，还专门卖"个鱼"。个鱼就是一条条出卖的鱼。这往往是个头大，一般在一米以上的大鱼。查干淖尔从前出过一条520斤的大鱼。这种鱼往往卖给有钱的老客或送礼。

送礼，指鱼店为了打点地方上有头有脸的人物，什么县长、保长、警察署长或朝廷的什么人物，如果要送这种鱼，一定要用鱼匣来装。

就像从前老作坊送礼一样，送礼的鱼匣的做法也和果匣类似。做鱼匣要找专门的土木匠，统统是做细木活的木匠。他们先要根据鱼的长度，量好然后下木料。鱼匣是两侧封死，两头露在外，上面是个盖。鱼装进去后，头和尾露在外面，这叫"摇头摆尾"，说明送鱼人的虔诚。上面的盖是活板，鱼匣身刷红漆，有的还画上云卷花纹，用绳子拢好，由两人或四人抬着送去。

鱼匣的盖上有礼单，上面写明是某某鱼店所送，这是很讲究的事情。

从前，每到冬捕节令，扶余、前郭尔罗斯、王爷府、镇赉、洮南、大赉、安广一带的街头，鱼店一排接着一排，家家比着劲儿地挂鱼幌、摆鱼垛、打鱼匣、送鱼礼，真是一番红火热闹的景象。

晚上，则要挂鱼灯。鱼灯做成各种鱼的造型，颜色各异，很有特色和趣味……

神奇的渔猎工具

在查干淖尔这个古老的渔猎部落里，最令人惊叹的是那些千奇百怪的渔具，这些"家伙"被渔夫们保存得十分完好，有许多是只有在"考古资料"和"出土文物"中才能见到的东西，今天在这儿却实实在在地存在着，而且你可以触摸，甚至你可以使用它。

使用，就是去亲历。亲历，就是去参与。就是说，你可以和人们一块去冬捕。

人类所有的智慧其实都来自劳动和亲历。

人由猿（其中一说）进化为人，是因为从爬行到站立起来去活动，原始人逐渐学会了使用石器和木棒，于是"工具"催化了他们大脑的发展，人的机体发生了质的变化，人完成了由动物向人的过渡。著名文化人类学家马林诺夫斯基在《文化论》（费孝通等译）中说："人因为要生活，永远地在改变着他的四周。在所有和外界接触的交点上，他创造器具，构成一个人工的环境。他建筑房屋或构造帐幕；他用了武器和工具去获取食料，不论繁简，还要加以烹饪。他开辟道路，并且应用交通工具。若是人只靠了他的肉体，他们很快地会因冻饿而死亡了。御敌、充饥、运动，及其他一切生理上、精神上的需要，即在人类生活最原始的方式中，都是靠了工具间接地去满足的。世界上是没有'自然人'的。"生存环境是一种物质条件，是构成文化的重要方面，它又是生动的文化类别，是一种较深的"精神能力"。

麻网

世上一切渔猎活动都离不开网。

在查干淖尔，渔民使的网叫麻网。麻网是用麻的纤维来编制而成的。麻，这本来是北方平原上一种常见的植物，它喜欢生长在田间地头上，又分花麻和线麻。花麻又叫宽叶荨麻，土名哈拉海，夏秋季往往散发出一阵阵浓郁的药香味儿。查干淖尔草甸上成片生长着这种荨麻，渔民常常把这种植物采来，熬水喝以治惊风，并可解毒。特别是捕鱼寒苦，这种植物可祛风湿。而线麻又叫大麻，长得很高，出土不久便散发着一股浓浓的清香花味儿，籽可以榨油，并且含油量很高，用此油炖湖鱼贼香（当地土语，"贼"是"特别"的意思）。

秋季的时候，渔民们把麻割下来，成捆地用车拉回去，投放到村中大水坑里去沤，俗称"沤麻"。关于沤麻，查干淖尔流传着这样的歌谣：

身穿绿袍头戴花，

我跳黄河无人拉；

只要有人拉出我，

一身绿袍脱给他。

这有趣的民谣，仿佛在讲述着一个迷人的爱恋故事，其实却是说"麻"产生的过程。麻经过沤发，外皮就会从秆上脱离，这就是皮麻。皮麻经过干燥、捶压、梳理等阶段，使其中柔软的纤维露出来成为麻。于是人们把麻打成麻捆或麻卷儿，这仅是制网的前期。

为了织网，还要把麻坯子纺成经，就是一种细线，缠在"线桄子"上，以便织"网片"。查干淖尔冬捕时使的网格外大，一个网就装一车，称之为"一趟网"。一趟网是40张，外加4块；一块20米长；3块网成为一拉子，一拉子长60米。这样巨大的网全靠渔民自己在平时织完。在查干淖尔，几乎家家的院子里、炕上都摆放着经车子、线桄子什么的，那些勤劳的渔家妇女和老人一年四季没有闲着的时候，就是不冬捕，他们也织网，这几乎成了查干淖尔人平时的主要活计。

如今，有了棉线网和尼龙网，材料的进步和编织手法及工艺的发展，使得网更加精细和漂亮了。这儿的家家户户都是一座座古老的"网"文化博物馆，在部落里行走，推开每一户的家门，你都会惊奇地发现精制的网线和织网工具。渔具是这个古老部落的神经。

大掏小绳

捕鱼要用很多的绳，但绳不叫绳，叫"掏"。

"大掏"，就是大绳。冬捕时一个网有两根大掏，每根长500米，还有诸多小绳。

大掏是根吃力的绳索。冬捕网下到冰底，拖上来的鱼带网有上万斤的分量，加上吃水后绳的分量就更重，所以大掏的质量非常讲究。从前制这根大掏往往由捕鱼部落里的打绳能手——绳匠来打制，如果网队太多，绳匠被各网队抢来抢去，就只好到镇上请专门的绳匠来打大掏。

在查干淖尔四周的集镇上，遍布着各种麻绳铺的老字号，如老扶余的吴家麻绳铺、镇赉的曹家麻绳铺、沙吉毛吐（洮南府）的刘家麻绳铺、哈森查干蒙古人的麻绳铺，都是规模巨大而有名的麻绳铺。这些铺子有宽敞的门市和偌大的后院，一座一座的麻垛堆得几房高，许多年轻的"小打"整天光着膀子在院子里打绳。空气中到处都飘荡着麻的气味儿。可是，从前打鱼的也都是穷人，许多时候请不起绳匠，于是只好自己从小就学打绳手艺。在捕鱼部落里有许多出名的老绳匠，无数的大掏从他们手上诞生。

冬捕之后的季节，天虽然寒冷但大掏要搬到院子里晾晒，以免绳里发潮，纤维烂坏，不结实。

各类小掏（小绳），则要由渔猎家族的女人去完成。

在查干淖尔，渔夫们的女人是极其辛苦的，别看冬捕时的习俗是不许女人上冰，可是后勤的种种活计十分繁重，不用说给男人们做饭、看家这些事了，单是打麻绳也是她们繁重的体力劳动的重要部分，几乎一年四季，渔夫们的女人都在做着这个活计。

渔夫人家每家的房上都挂着一个叫"纺锤"的东西，纺锤悬着一绺麻坯子，女人就是烧火和哄孩子睡觉的空档，也要忙于转动纺锤打麻绳，然后把一捆捆的细麻绳积攒起来，留着给男人做鞋和织渔网。再就是通过纺车来纺麻，纺成绳用来编织渔网和打大掏。

旗和灯

在茫茫的查干淖尔冰面上捕鱼，旗和灯这两样是万万不可缺少的，这属于在冰面上作业必备的用具。冬季捕鱼是一项要行动一致的集体活动，拿什么、放什么要靠渔把头来统一指挥，这就靠把头手里的旗和灯了。当网队在敖包（或冰神庙）前祭过湖，然后再"醒网"，这时大马车或爬犁便拖着高高的网垛开进白雪茫茫的冰面。

冰面茫茫无际。渔把头手握一杆大旗坐在头一架爬犁上，他用自己的慧眼在泡子上选择打冰眼下网的卧子，一旦他选好合适的卧子，就会大喊一声："插旗！"立刻有人手举大旗，把旗插在冰块子或雪壳子上，这叫"打范围"。打范围，就是按旗的方位来打。

每一个冬捕的网队要有6杆大旗。当渔把头选好卧子时，他吩咐插旗的先在网卧子的四个角（长方形，两头长，中间宽）插上旗，剩下两杆，一杆插在下网眼处，一杆插在出网眼处。下网眼处，叫"下网旗"。出网眼处，叫"出网旗"。

旗的颜色往往是红色，因为颜色鲜明。旗的作用是"指挥"下网、出网的。在野外冰雪的湖面上，常常是冻雾升腾，大雪飞刮，有什么事需要招呼既听不清也看不清，但旗一摆，就知道"有情况"。旗有"旗语"，一有情况，就拿大旗"发话"。下网大旗往左边晃，是告诉小股子提防左边；往右边晃，是注意右边冰下的情况；出网时，出网旗指挥跟网的和马轮子，也有一套"摆旗"的规矩和手法。这叫"旗指挥"，也叫旗语。

执旗的人在冬捕时固定执旗，领网把头要时时注意旗帜，以便掌握运网情况。如果打网一点点拖到黑天了，那么旗就换成了灯。

黑天叫"贪黑了"。贪黑作业时，白天的6面旗就换成了6盏灯。

灯又叫"风灯"，这是因为太阳一落山，冰面上风就起来了。冰上的灯都叫"风灯"，以防风而得名。风灯由渔把头拿在手里。风灯的位置和白天插旗的位置一样，只不过风灯有了两样颜色，一红一绿。

这红绿的意义，也许是延续了古老颜色的意义。红，运网要立刻停，这准是有地方刮网、卡网什么的；绿，就是恢复正常作业，马轮继续。

风灯是用铁壳子做的那种"马灯"一样的灯，从前也有用木制四框的老马灯，上带盖，防雨又防风。变换颜色是用红布或绿布来蒙在灯口处，以告知对方。这掌管旗、灯的事，由总把头负责或指派专人。

在查干淖尔，这种灯又叫"气死风"，是说只要这盏灯在冰天雪地里一亮，老北风也拿它没办法，这其实是渔民对自己在冰天雪地里劳作的歌颂。

冰镩

冬捕时冰上的工具很多，其中非常重要的一件叫冰镩。冰镩是由当地的铁匠专门打制的破冰工具，由镩头、木把和提手三部分组成。一个大冰镩有二三十公斤重，这样才能"走冰""杀冰"。冰镩的尖十分尖利，闪着如冰一样的寒光。

当把头选好了卧子，四周插上了旗或举起了灯，头道工序凿冰眼便开始了。凿冰眼先由四个人凿一个大眼，这叫"下网眼"，这个大冰眼凿在头旗或头灯的位置处，要两米长，一米宽。凿冰眼往往是两个人用冰镩破冰，这叫"把镩的"。他们在前边凿，跟着两个手使"冰蹦子"的往外掏冰。在凿大冰眼的同时，凿小冰眼也开始了。一趟网小冰眼要凿出400个，由16个人去干；一面8个，4个手使"冰蹦子"的人跟着掏冰。

冬捕时，冰镩凿冰是壮观的场面。

你看吧，在那一段时间里，风雪刮起的冰面上，到处是"咔咔"的冰镩镩击坚冰的声响，银色的冰块和白色的冰末随着冰镩的起落在飞舞跳跃。晴天更是绚丽。太阳的光芒透过那晶莹的冰块，时而折射出闪闪的光柱和亮点，从不同的角度看凿冰，就像到了一个神话传说中的万宝坡，遍地的奇珍异宝在闪闪发光，冰凌带着太阳的五色光芒在闪烁着，真是奇妙极了。

整个凿冰眼要持续4个多小时，接着开始下网了。

扭矛走钩

冰眼是雕刻在茫茫冰面上的原始符号。

在查干淖尔，如果从飞机上或从四周的高坡上向冰面上鸟瞰，凿完的冰眼就像一条巨大的多腿苍龙伏卧在冰面上，前边的出网眼是它昂起的头，后边下网眼飘荡的旗是它的尾，而两旁排列整齐的400个小冰眼恰似它的无数条腿，使它移向远方。

这是一张印烙在人类历史年轮上的巨幅图画，而"作者"就是巧手的查干淖尔渔夫。

接下来，渔夫们就要装饰这幅图画了。装饰，就是让自己走进图画中。

首先要由下网眼下网。

大网从下网口的大冰眼慢慢顺下。网前头的总纲上有两根大长杆，每根12—13米长，由它串带着网走。这两根带网杆要行动一致，下网后整个网已在冰底慢慢张开。两根网杆的位置分别在自己的小冰眼下运行，这时手使"扭矛"和"走钩"的小股子在冰面上用这些工具通过小冰眼来控制水下的杆子，使它不歪、不斜，照直朝前运行，这就是扭矛和走钩的作用。

扭矛和走钩的渔夫这时调整串联杆子带着"水线"使网展开。扭矛有一个巨大而好捧着的把，便于"扭动"冰下水中走歪了的串联杆子。扭矛土话又叫"牛毛"，这是一些渔猎部落之外的人叫差了，以为是"牛毛"。因为，"线"又叫"毛"，于是有时这个名词在捕鱼时也通用了。

走钩是在冰下"带网"的一种工具，它和串联杆子一起带网，校正网路，使网杆顺溜，直朝出网口处运行，直到大掏拖网被送到出网口处，这时网已在冰下水底形成了对鱼的彻底的合围。

马轮

当带网的大掏露出出网口时，固定在冰面上的马轮开始发挥作用了。

马轮由轮和轴两个部分组成，上下两个轮盘，中间是筒套，筒套套在轴上，轴棒固定在底座的爬犁架子上。加力之后，上下轮和套筒一起转动用来拖网，又叫"绞掏"。

由于是用马来拖拉，所以叫马轮。

过去打鱼的人是用"小股子"拖网拉网，但由于劳动量太大，于是后来改用马来拖拉了。马轮的上轮盘处有"插眼"，便于插"套杆子"来套马。一个轮盘处可安四五个"套杆子"，也就是说最多能拴四五匹马。这主要是看网中鱼的多少和重量来定。

马轮现在一律使用金属的材料来制作，架子和爬犁都是铁的，而从前完全是木制马轮。木制的马轮由部落里的木匠来打制。往往选用榆木、柞木、色木、桦木等硬质的木材来打制。马轮架子庞大、沉重，但是在冰上被马拖拉着却显得轻快。

马轮是冬捕的重要工具，也算较大的家伙。当网队上冰出发，那巨大的马轮被马拖着在冰上飞奔很威风，而像样的马轮是渔猎部落老手艺人的拿手手艺，他能把马轮做得古朴、结实而好看。马轮被人称为冰上钢琴，每当捕鱼开始，马轮发出"吱吱嘎嘎"的响声，加上赶马轮的人的吆喝声和马轮手鞭花在空中的炸响声，组成一种奇妙的冬捕交响乐，在寒冷的查干淖尔茫茫原野上飘荡着，给人带来无尽的欢乐。

卡钩和抄捞子

鱼出冰，就像秋天农民收割庄稼。

出网眼是一个三角形的大眼，它的大小根据鱼的大小和多少随时来决定，一般是长四尺左右，宽一米左右。随着马轮拉着大掏，网缓缓地爬出水面。

网两侧的小股子每人抄起不同的工具。有使大钩子的，主要是搭网"吃重"（承受力大）的地方；有使小钩子的，也叫"小套子"，他们时时地搭起冰上刚出水的网，往马轮一方"送"，同时要不停地"打卡"。

卡，是一种叫"卡钩"的东西。它的作用是把网和掏卡好，以便小套子们松开后不往回拖。马轮上一"打卡"，小套子们就回去重新再拖另一股。这个时候，出网口处是最幸福和有趣的地方了。随着网缓缓出冰，一群一群的银色大鱼争先恐后地翻出冰眼，领网的指挥出网口的小股子手使抄捞子和鱼叉不断地舀鱼和叉鱼。有时一抄子能抄起两三条大鱼，往上一扬，鱼在空中不断扭动，落在冰上又上下跳蹦，带起的水点，在空中结成冰粒，掉在冰上像银豆一样闪光，真是好看极了……

而小股子们则开始"装网垛网"。就是把打完鱼的大网一层一层地好好地码起来，垛在一旁的大车或爬犁上，准备拉向下一个网卧子。

鱼爬犁

北方民族在冰雪上活动，处处离不了爬犁。

爬犁又叫扒犁或扒杆，民间又叫冰雪上的车子。提起这个名还有个笑话。说从前有一个人问另一个人："什么东西前边没有轱辘（轮子），后边没有轱辘？"

"干什么用的？"

"车子。"

那人说："世上根本没有这种东西。"另一个人指指地上的爬犁说："你看这是什么？"

那人把爬犁拿起来前后一看，真是没有轱辘。于是民间就有了这个习俗，两人一见面，如果一人说："前边没有轱辘，后边没有轱辘。"另一个人接着说："翻过来一看，是爬犁。"于是，人们就知道这准是两个地道的东北人。

爬犁这种工具很像在地里耕地的犁杖。可能古人是受犁杖形式的启发，便发明了它并称为爬犁。爬，是指这种东西没有轮子而能在冰雪上滑，远远看上去像人在地上爬，所以称之为爬犁，既准确又形象。

爬犁是生活在北方冰雪环境中的人们的主要运输工具。北方一年中有三分之二的时间处于冰雪期，而户外山川沟野之间雪特别大，往往填没了"道眼"。只有爬犁可以不分道路，只要有冰、有雪便可在其上行走，靠的是人拖拉或动物的牵引。

北方的爬犁轻便灵巧，有时用同等粗细的小杆，经火和热气熏烤发软，然后搣成弯形，穿上横带便制成爬犁。这种架子爬犁主要是拖人，用于赶集、运粮或砍柴。还有一种跑长途的重载爬犁，用粗木凿铆镶死。铆不用钉子，榫对准铆后用水浸泡。木头一胀比钉子钉得还结实。这种爬犁往往是拉重载、跑长途的。爬犁架子也大，最大的有两顶小轿那么大。如果拉人还要支上"睡棚"，那就舒服多了。

睡棚又叫暖棚，也称皮棚，是用各种动物的皮子搭盖的，左右各留个小窗，里面有火盆、脚炉等，长途在外可过夜和抵挡风雪。

爬犁一般用牛马拖拉外，从前的女真、肃慎、锡伯、鄂伦春、赫哲等民族，还常常用狗、鹿、四不像等动物来拉。《吉林地志》记载："清未兴起之前，在东海三部之东北，而与渥集部紧相连接者，则清纪概以使犬、使鹿别之。""费雅喀与日本北海道之虾夷为同族，且至今日即使犬、使鹿之界说。"

《吉林地志》还载，自伯力东行1200余里，沿松花江两岸居住的黑斤人，冬季"以数犬驾舟，形如橇，长十一二尺，宽尺余，高如之。雪后则加板于下，铺以兽皮，以钉固之，令可乘人，持篙刺地，上下如飞"。可见，这又是一种用狗牵引又以人持具支地而行的爬犁。这里的人"冬驾爬犁至索伦河南，与诸种人以物质交换"。

可见，过去人家养狗，不单单是为了看家狩猎，还为了"驾犁"。《吉林乡土志》又载："清初，有所谓使犬部者。如今临江等处，每于江上结冰，用狗爬犁。俄境亦有之，其狗皆肥壮而驯，一爬犁以数狗驾之，而头狗价最昂。俄人购者往往一狗值五百羌洋也。"在当年，东北的许多地方设有"狗市"，和马市一样出名，专门交换像牛犊一样大小的爬犁狗。元时还设置了"狗驿"，各驿站都靠狗爬犁传送信息。这是多么有趣的民俗！一群狗儿身上冒着热气在雪原上奔跑，主人的响鞭炸开了树上的霜花，辽阔的雪野一望无垠。

而"使鹿部更在使犬部之外，而使犬部中亦能使鹿。既如四不像，复非常鹿，其形高如大马，身无斑点，谓之马鹿，兴凯湖以北多产，可以驮重致远"。在大小兴安岭之中生活的部落，从前多使马鹿、四不像来驾爬犁。这种动物劲大，在雪原和老林里行走，有耐力又灵活，而且不怕寒冷，备受这里的猎户喜爱。

当年，爬犁除自家制作外，还有专门生产爬犁的木铺，打制大车和爬犁，人称"二木匠"。除了出售大爬犁外，还制作轻巧精小的爬犁，供孩子们玩耍。

而查干淖尔的捕鱼人使的爬犁叫鱼爬犁，这主要是冬季捕鱼，人畜均在冰雪上活动，爬犁便于行走和滑动，鱼爬犁上装着网和各种工具，构造略有不同。

鱼爬犁是一种带"槽子"的爬犁，各种大小工具都装在里边，飞跑起来不至于丢到槽子外，便于行网和转移。另外，鱼爬犁还包括马轮爬犁。马轮是捕鱼拖大掏的工具，它的轴就固定在马轮鱼爬犁上，便于拖动行走。冬捕时，冰上各种爬犁都有，马轮爬犁上悬挂着横杆和套索。有时也把旗子插在爬犁上。冬季在严寒和北风中，马轮爬犁上的套索被风刮得飘动起来，俨然像一面面古老的战旗在硝烟弥漫的战场上久久地舞动。

每年的查干淖尔冬捕民俗节日上，都有滑爬犁比赛。比赛双方各乘一个小爬犁，双腿跪在上面，裁判员一声哨响，每个人双手支动手中的冰镩子，推动爬犁在冰面上滑动，跑在前面者为胜。

柳具

柳具是指西山外屯渔猎部落一带使用的柳条编制的渔具。柳，指柳树，这种植物成片地生长在东北平原的江边沟岔一带，有极强的存活能力。柳树从前叫"插柳成林"，是指只要折一段柳枝插在泥土里，它便会生根，而且很快便繁育成林。它的特点是沟沟岔岔处的柳往往长不高，但枝条特别茂盛，被人称为柳条通（柳丛之意），而那大片的枝条，一根一根的又直又软，很有韧性，正适合用来编筐编篓，于是柳条就成了东北农家和江沿一带的渔民用来编织捕鱼、装鱼工具的最好材料。

首先是编鱼筐。鱼筐就是装鱼的工具，其中包括鱼篓、鱼筐和泡筐。

大量使用柳条的主要是捕鱼工具，比如"箔"也是用柳条编的，这要使用大量的柳枝。还有一种捕鱼工具叫"蹲"，也是北方渔民经常使用的最常见的柳制渔具。用柳条子编一个有一丈多高的篓子，压在水里，外剩一尺多高，以防止鱼蹦出来。蹲往往安放在鱼较多又厚的流口和江湾子处，捕来的鱼又多又好，是渔民们普遍喜爱使的一种捕鱼工具。

还有罩。罩也完全使用柳条编制，一米五到两米长，一头大，一头小，长方形，一头方口，扣在水中。同时，柳又是东北重要的民族——满族的植物崇拜树种，满族人在祭祀活动时，把柳枝装进"神匣"中，表示远古岁月中人与柳的依赖关系。祭柳和崇柳表现了人类也希望自己能和柳一样有较强的生存能力和顽强的繁殖能力。这是对生命崇拜的一种方式，是远古图腾文化的遗存。

柳和当地渔夫的关系分外密切，至今这一带的许多地名仍以"柳"来命名，如柳树屯、柳条窝棚、大柳树、江柳甸子等等。

苇具

苇具，顾名思义，就是用苇子制作的捕鱼工具。苇子制成的工具，在东北捕鱼活动中是时刻也离不了的，这是因为查干淖尔平原上生长着无边无际的苇子。

古老的嫩江穿过八百里瀚海浩浩荡荡向远方流去，在它的两岸留下来的不光是无尽的白碱土、湖泊和大片的草甸子，还有独特的自然景观——苇海，当地人称为苇塘。可能世界上产苇最多的就是八百里瀚海的查干淖尔。

从前郭尔罗斯查干淖尔到镇赉的到保，从大布苏到哈拉火烧，从骆驼圈子到闷包营子，从小二姐窝棚到额么黑、白等召等处，到处都是无尽的苇塘、苇海。

苇子，这是一种生长在潮湿地带的植物，特别是近泡靠水之处，夏季越是水源充足，它们生长得越是茂盛，而且连成片。苇的根部在水底泥中串联，不需要人工栽培，属自然生长植物。到秋天苇子便长成了。

割苇收获一般在深秋初冬，大地封冻的季节。这时节，嫩江刮起了漫天风雪，瀚海泡子结了厚厚的冰凌，这时割苇开始了。秋天苇子虽然长成，但由于苇塘泥泞，人们下不去脚，只有等严冬到来的季节才是收苇的好时刻。靠苇塘的渔猎人家早早地到集镇上的铁匠作坊打制好割苇的推刀。推刀是一种宽刃的一米多长的大刀，背上有鼻，鼻眼拴上绳，前边用人拉，后边有人扶刀架。推刀在平滑的冰面上滑动着，刀刃一撞苇根苇子就齐刷刷地被割下来了。

经过霜雪的苇节很脆，一个推刀一天割200捆苇是轻松自然的事。但割苇是很辛苦的。首先是寒冷。人在冰雪间劳作，一待就是一天。上泡割苇往往就带大饼子、咸菜条，有的干脆炒爆米花，渴了就吃冰。不少老苇手老了牙都冻坏了。而且，冬天的苇塘荒无人烟，割苇人常常与狼不期而遇。特别是当厚厚的雪降落后的日子，割苇人还要进泡子，多深的雪也得往外拉苇。人们对苇子亲，因为这是钱哪。从苇塘拉回的苇子堆在家家门前的空地上，剩下的活计应该是妇女们的事了。

查干淖尔女人都是聪明和勤劳的。为好好利用男人们辛苦地从冰雪中拉回来的苇，她们早早地打好了麻经（一种编帘常用的细麻绳），磨好了绳刀，开始用苇子来加工各种渔具了。那往往是天气晴朗的日子，女人们在苇堆中间开辟出一块空地，四周是山一样的苇垛。天虽冷，但苇垛挡风，中间经阳光一照，反而窝风又朝阳，是一块很热闹的冬季的乡村场地。妇女们往往也把孩子带到这儿来，让他们老老实实地坐在投下来的剩苇碎花上，而大人们则麻利地挥动双手铺绳、投苇、勒经、上卷地编起渔具来。主要是囤子、须笼和陷。

查干淖尔简直就是中国北方的白洋淀。

这儿的渔民其实既是捕鱼人又是养苇和护苇人，他们在冬季把苇子编成各种用品卖给周边地区，而他们自己也使用苇具来从事捕鱼活动。

囤子，其实是"穴（xué）子"（东北渔民和种地人对装粮食的一种苇制用具的称呼），是由苇子编成的一条二尺或二尺半高，几丈或几十丈长的席带，主要是用来安在大车上围粮食的，使车里能装东西。冬捕打的鱼，全靠大车从冰上拉出来，就需要用苇子来"起垛"，这样可以多拉多装。

穴子这种渔具查干淖尔人几乎没有不会编的。编法同农村编炕席差不多，要经过"剥苇""压苇"阶段，就是将成根的苇子破开，使白白的苇皮发软，然后开编。

冬季捕鱼，用苇量是巨大的，冰上、车上、鱼店处处都用苇帘子和苇子。同时，捕鱼还直接使用苇子秆来作为工具，这就是须笼。须笼是一种下在泡子边上的捕鱼工具，用苇子编成，不过不是苇子皮儿，而是整根的苇子。须笼就像一条"龙"，弯弯曲曲地卧在泡水的沟沟岔岔或苇根丛里，鱼儿上了浅水，就顺着一头钻进了须笼，于是越走越深，最后出不去了。

须笼的用苇量十分巨大，而且是捕鱼人时刻离不了的生产材料。从前"梁子"上捕鱼，也有用苇子来做"箔"的，但后来被柳枝所代替。

还有，查干淖尔一带的房屋和江边的网房子，往往用苇子来苫。用苇子苫的房盖厚实、整齐，压风撑雪，既经济又实惠，是嫩科尔沁草原一带渔民很喜欢的一种生活资料和使用资源。

陷，又叫迷魂阵，是北方渔夫的捕鱼工具。陷从前是苇子编扎而成的，后来人们又用柳条、竹子、高粱秆等来编扎，也是在深秋初冬的季节里使用的。

陷需要架放在江泡水四溢的北方的荒原和土地上。那儿往往是低低洼洼的不平的草甸子，陷按照地形，安放在草地低洼不平的沟沟岔岔里，单等鱼顺水游进。

由于陷是一种像"龙"身形一样弯弯曲曲的东西，鱼走进陷，就只有往前，而无法往回游，于是按着陷的"道"，一直往前，走啊，走到什么时候，它们不知道，因为陷是很长很远的一种捕鱼工具，它曲曲弯弯地躺在那里，许多鱼只好走走停停，越积越多，最后挤得满满的堆在陷里。

收陷的日子，大约也是冬季，也称为"起陷"，就是把陷的中节口一个一个打开，将鱼从陷里取出，然后陷要收起，以便第二年使用。

梁子捕鱼

在北方的查干淖尔，冬季捕鱼有许多方式，除了冬网之外，还有一种叫打"梁子"鱼的，也是冬捕的一种类别。

梁子，当地人又叫亮子，可能属于一种方言。

就是如今，以亮子或梁子为地名的地方也非常多，什么小南亮子、通途亮子、菜园梁子、相家亮子、罗锅亮子、杜家亮子、大箔亮子等等，这都是冬捕的热点地域。至今，这些地方仍是冬捕的重要泡段。而如今最大的"亮卧子"就是库里渔场的"老什王渔场"。

库里是嫩科尔沁草原古文化遗存的重要地域，蒙古语为"墓地"之意，因这儿是康熙祖母孝庄太皇太后的父母的碑地和孝瑞、孝庄二后母家三代人的陵庙。

这儿泡子连着查干淖尔的泡子，已有120多年的历史了，总面积为6160垧，冰面6111垧，岗坡荒地49垧。老什王梁子（亮子）包括七十二道湾，什么菱角泡、兔耳瞎、葫芦芯、臭蒲泡、小南亮子等水域都是这片水，而库里泡则是大水泊的"后肚"（后堵，指大泡子的最末端）。

从前，这个泡子是蒙古族达尔罕王爷的私家泡子，后来又由一个叫王兴国的祖太爷接管留传下来，一直经营到1920年，兑给了扶余县（现为扶余市）的赵连长。他经营到1943年又兑给了日本渔牧株式会社的阪盛太郎，从此由他经营一直到1945年。1947年土地改革时这儿归两家子农会，1948年划归黑龙江省嫩江渔业公司，1949年移交给吉林省农业厅扶余水产办事处，到1955年归吉林省扶余水产和大赉渔场管，从1966年至今又从大赉渔场分出为前郭尔罗斯独立的库里渔场。但这片泡子和查干淖尔一样是典型的冬捕类型的泡子，主要以梁子捕鱼的自然方式从事着古老的捕鱼活动。查干淖尔泡和库里泡，当地人称之为"一水"。

修箔口

在查干淖尔，在库里泡，人，仿佛总是在和鱼作对，捕它们，留下智慧。但是，这是一种生存形态。

梁子捕鱼，要用"箔"。

箔，是一组捕鱼工具的总称，它由箔杆、箔绳、玻璃锤子和麻经组成。

箔的杆要先砍出三根大杆，大小程度主要是根据泡子流面积的大小来确定。所说的"修箔口"，主要是上山砍下从前的柳丛中的柳枝，在鱼可能经过的"水口"处下这种"箔"。修"箔口"，其实就是"编"箔口。

编，就是在箔口处的三根长杆的架子上开始用手指头粗的柳条子铺上，然后用麻经开勒。三根大杆，两根竖立插在泥水中，一根横在两大杆中间，然后立"九道经"，在那上面铺柳枝，开编，这就叫"修箔口"。

修箔口，又叫"打墙子"或"挡鱼墙"。

墙，不是人住的房屋的墙，而是指挡鱼的"鱼墙"。这个"墙"，在箔架的下方，是指扎进泡泥里的部分。

箔口处的墙子在箔架的下方，由于有架子挡泥，"墙"开始很牢固，不然水流常走，"墙"便容易损坏。修箔口的老手"鱼墙"也打得非常地道，不易破损。

箔口的"墙"是用垡子垒的。垡子是北方平原上的一种草层。这种草的根部经过千百年的沉淀，已硬硬地积存在土层的地表上，垒箔墙的渔夫们先用垡刀将草垡子割开，也就是"划"。划开一块块的垡子之后，再用"垡锹"去"起"。

起垡子，是技术活。起时要先将垡土完好地起出，底下要带一层土，这样使垡整整齐齐，不掉渣、不走样儿。起后，要运到箔口。

运时全靠背，称为背垡子。背时，查干淖尔渔民用一种叫"背架"的东西来背。每个架上摆放十个到二十几块草垡子，运往箔地。这时，这些草垡子已在草地上晒干燥了，不会太重，掉到水里也不沉底，但是码太高了，不好走。渔夫们用此来垒箔墙、修箔口。

修旱堑

"修旱堑"是梁子捕鱼的又一道重要工序。

堑，是一种"土埂子"的别称；旱堑，指干土的土埂子。

梁子捕鱼虽然在冬季，但其实大量的准备工作在秋季早已开始了，特别是修旱堑。

在东北平原上，星罗棋布的大小泡子散撒在荒原上，这些泡子之间由于地理环境的不同，所处的位置有高有低，加上许多泡子与江河连接，如松花江、嫩江、拉林河、辽河、霍林河等，都与查干泡、库里泡等相连，所以江河一涨水或夏季雨水充足，各泡子的水就逐渐增多了，可一旦秋季水量少，各泡子的水就回撤到江河中去了。这时地势高的泡子就会往地势低的泡子里回水，这样打鱼人就开始修旱堑打鱼。

修旱堑，就是深秋初冬季节在水泡子与通江河或别的泡子相连的地方，修起土埂子，使水在渔夫的控制下流过。而这种控制，就是"下箔"。土埂子起来后要把箔修在土埂子的里侧，箔通过自己的功能，让水流过，而鱼却掉进打鱼人设好的箔厢里。

打箔厢

箔厢，就是使鱼落进去的一种设备。

打箔厢，就是修这种设备。

箔厢是下在渔夫选好的箔口处深深的水中的一种捕鱼工具。箔口，对着水流正中的地方，底下就是箔厢。

箔厢是用手指粗的山柳条子编成的一个巨大的长方形围栏，安放在深深的泥里，已估计好当水来时，一定会在此经过。为了这箔，渔人早早要上山去割条子（柳树枝子），成车地往网房子拉。选制箔的柳条子太直的还不行，要选那种一头有弯儿的，砍一刀，长度要一丈四五、一丈二三的，一捆一捆，运回来。

然后，先放在网房子周围的荒草地上晒干了，去掉水分，这才能打箔厢。

打箔厢时，一根一根柳条要一颠一倒地放，一根冲上，一根冲下。这时，渔夫已在泡口的地方竖好了架子，就是箔厢架。山上，那一片片的箔片子已编好，运到泡口不远的网房子里，单等"水"来前，便组合成箔厢，下到水底。

等水

箔口和箔厢都编好了，这时要观察水。

观察水，又叫等水。等水就是四处奔走，看与你的箔相连的水系的流动和走向情况。

查干淖尔渔夫一个个是十分辛苦之人，他们的一生注定要与残酷的大自然进行殊死搏斗，要在寒冷和荒凉的岁月中度过。

在等水的日子里，他们一时一刻也不能放松警惕，每天昼夜要守在泡子和河口处，观察水和风。

东北平原的风瞬息万变，有时看着是东北风，可是一两个时辰之后，风向便会突变，许多夜里外出的北方人往往会迷路，其实就和风向变了他们掌握不好有关系。为了观察风，他们在箔口处放上风招子，一种画着鱼图案的纸或布的飘物。而风和水有直接关系，风决定水的速度和流向。有时等水的渔夫走出很远，一看风向大变，立刻往回跑，等他拼命赶回箔口处时，水已和箔口一样平了。

如果你稍微不注意，让水冲了土埂，那便叫"冒堑"。一冒堑，鱼便跟着水跑了，就等于这一季捕鱼活动失败，所下的箔就废了。所以，等水的人一看江河涨水或风向大变，立刻喊："快！快回去！"于是他们扛着工具拼命往回跑，立刻要控制冒堑，并迅速下箔厢。

下箔厢

下箔厢，又叫闸箔。

闸箔，就是在泡水开始外流或回落的当口进行的一道捕鱼过程。

这时，梁子上的渔夫要及时地把早已编好的箔厢整体地安装在巨大的箔厢架上。

那时，箔厢架已架在泡口将要流水的深深的地下，渔夫们必须跳进深深的泥水中的坑中去作业。

此时，往往已进入深秋初冬的时日，北方的荒原上，树叶在冰雪和老北风的吹刮下，早已脱落，就是不落，地上的青草早已枯黄，白霜日夜蒙在大地上。

跳进厢坑里下箔厢的渔夫，一个个必须戴着小毡帽头和扎好"围腰布子"。小毡帽头是一种用羊毛擀成的小帽，可护住、盖住人的额头。不然，那泡子上刮下的流水珠子掉下来时已冻成了小冰疙瘩，时刻砸在下箔厢人的额头上。渔夫额头长久处于冰冷中，会得一种瘫病，也没有预防的法子，只好用一顶小毡帽头护住额头。

梁子上的活，就是和冰水打交道，所以他们每人一条"围腰布子"。

围腰布子又叫缠腰布子，这叫"别把腰扎坏了"，"扎"在北方是"凉"或"冰"的意思，他们用此缠在腰上才能开干。经过几天紧张的组合，一个巨大的"厢"深深地"镶"在泡子口处地下的河道上了。

守箔

箔厢下好，正是下水的时候。

这时的水是冬水了。

北方的气候在深秋初冬时，河江泡湖水开始回落，叫"瘦水期"。这时往往已到了霜降时节。古语说，霜降变了天啊。

水下落，要经过箔厢。水从箔厢的柳条缝里过去，鱼会隔落在箔厢里，这时渔夫们最重要的活计是守箔。守箔的最主要任务是防止鱼"盗洞"。

盗洞，是土话，指"钻洞"的意思。

自古人们只知道老鼠在土里会盗洞，还没听说过鱼也会盗洞吧。可是，在神秘的大东北，在茫茫的嫩科尔沁草原上的查干淖尔，鱼也是会盗洞的。鱼盗洞，是指已经落入箔厢里的鱼，由于泡口的水一流，鱼儿会被箔墙挡住，于是落入箔里了，但它们不甘心"自投罗网"，要逃走。也许是为了生存活命，它们疯了一样咬箔。

东北的鱼儿是很聪明的。

据著名的老渔把头吕祥义说，鱼有耳朵。开始他们为了改善生活，在梁子上的网房子里养了一些鸡。但有一次他发现，当鸡一叫，就见鱼儿们慌了，而且有的鱼拼命地往回游，或干脆跃起逃走，于是从此梁子上就再不许养鸡了。而落在箔厢里的鱼，它们时时想着逃走，于是就咬箔或盗洞。

它们的嘴和牙很厉害。它们往往把箔绳咬断，从箔上弄出窟窿，然后逃走，或在箔下部的"墙"泥处盗洞，然后钻出。鱼牙最厉害的是狗鱼和黑鱼。它们的小牙又尖又利，一会儿便把柳条和绳索咬断。而鲇鱼和串钉子鱼、嘎牙子鱼最会盗洞，多小的缝，只要它的头过去一点，身子就会全过去。为了防止鱼咬箔盗洞逃走，守箔的人要注意观察箔外鱼儿奔跑的情况，以确定鱼是否已在水下盗洞了。如果发现，要立刻补箔。

补箔

补箔，捕鱼人要进入深深的冰水底下去作业。他手拿一种工具，俗名叫"老婆脚"，专探鱼盗出的洞。

据老渔把头吕祥义说，一年，霜降后，天已嘎嘎冷时，库里大箔口一带的梁子上突然有人发现鱼盗洞了。

守箔的张林从梁子上回来说："大把头，我早上见箔口下直冒泡，可能是鱼盗洞啦。快！去人补箔……"

派谁去？大家都在争。

这时渔把头吕祥义说："谁也别争了。快！预备炭火！"说完，他就扎好围腰布子出了网房子。

那年，吕把头已经五十五了，还是火力旺。来到箔上，他一头就扎进带冰碴儿的水里，转眼就不见了。可泡子沿上，大伙都为他揪着心。

补箔的人，一是要手艺好，因水底鱼凶猛，鱼盗出的洞要迅速补上，手抓泥要横补，立刻用柳条插上，有时连鱼都编在"箔"上，不能等，所以要快，这是手艺活。二是水性要好。在冰层水底补箔，要一口气完活；不然就得换气才行。三是要抗冷耐冻。人不同于动物，在冰水里作业，身上的热量很快就会散尽，转瞬间血管就会凝固，人就会失去知觉。

这时，岸上的人要预备好棉被。补箔的人一上来，要迅速用棉被一裹，立刻扛到网房子里，用炭火烤，直到烤到浑身发汗为止，不然就坐病。

刚上来的人，浑身冻得"疼"，可炭火一烤，更疼，疼得嗷嗷叫，大喊："别烤了！受不了啦！"

这时，许多人得按着他，不让他动，还得烤，不烤出汗不行。

补箔的渔夫，成天在遭罪，各种生死和意想不到的事随时可能发生。

盖马口

经过梁子上的渔夫们精心管理，鱼儿已在箔厢里积满了，这时就快到

"开梁子"的时候了。这时梁子上的水就不流了，露出了箔口墙子，但还要等几天，得把水放尽。

这时要注意的是别把箔墙子冻坏了，于是就要盖马口。打鱼人要日夜注意着马口。

马口，指箔上即将出鱼的口子。这儿是非常敏感的地方，也是所有的箔的流水处最集中的地方。鱼儿在此集中，这儿水不停地流动，但天已经是结冰的时候了，千万注意别让马口冻了。如果马口上冻，开梁子放鱼时就出不来，而且冰越积越厚，箔里起冰，鱼就会顺着箔顶逃走。所以，盖马口就成了重要的活计。

盖马口是除冰和防冻两种活。

除冰，是跳到马口处，把筛子上的冰条、冰块，时时除去，保证剩余的水还能汩汩外流；防冻是指别冻坏箔墙。

保护箔墙的人，时时在冰水里作业。他们的脚上绑上一种叫"绑"的东西，就是一块上等的软牛皮，用绳子扎在鞋上才能下水，不然鱼扎脚。

在东北的渔业活动中，许多种鱼是渔民害怕的，如鳌花、鲇鱼类，还有老头鱼和穿丁子鱼，都有"刺"，而且鱼的鳞、嘴、脐、尾也扎人，弄不好一踩上去立刻把人脚扎冒血，在大冬天这些伤口往往不易好，就不能下水捕鱼了。所以，给箔墙防寒，一定要先保护好自己，这才能打好梁子鱼。

开梁子

接着就到开梁子的时候了。

开梁子，又叫放梁子。

这时，季节已到了小雪之后。

北方的时日，民间称"大雪小雪又一年"，查干淖尔的渔民见面往往问："多咱开梁子？"

对方往往会喜悦地告诉你："快了！过小雪吧。"

北方，过了小雪的季节，梁子上的水已不淌了，梁子上就剩下鱼在箔厢里了。而大地上早已是千里冰封，万里雪飘。这时各个梁子开始放梁子、开梁子了。

一个梁子一旦开，就没日没夜不停地捞鱼了。这时渔夫们日夜不停地待在梁子上。往往一个网队分工是这样，一个班（一个伙子）四个人或五个人。这种在梁子上的箔厢里往上抄鱼的活计，也是顶水作业，身上的棉裤和鞋子，全是冰碴子。

从箔里往外抄鱼，腰要有劲。那时鱼都是"个子鱼"，就是一个一个的，一个有百十来斤，太大了。抄一天下来，膀子都红肿了。

鱼儿像山一样地堆在冰面上，看了真叫人心里欢喜。箔水赶着淌赶着冻，冰层下的鱼就得凿冰眼，下去捕。这一切都干完了，叫"扫冰"。

扫冰

扫冰，就是指梁子捕鱼活结束，也有叫"老口"的。"老口"指水不淌了，所说的不淌，也不是一点也不淌。扫冰和老口都是指捕鱼人要干干净净地结束这次捕鱼行为的一种心情，也是总结自己。那时，北方梁子上的渔夫见面往往打听："老口没有？"

"没。"

"还有多少日子？"

"快了。"

老口后，就扫冰，就到分红分赏的日子了。

扫冰，也是指冬捕梁子上最后的"打扫战场"。这时开始收拾梁子上的工具，把空箔厢盖好，预备着明年再使用；归拢各种工具；把鱼卖给老客；把剩下的鱼装筐，准备外运……

这时是热闹和丰收的时日。渔民们脸上带着笑，和来买鱼的老客讨价还价，而一些"烧锅"的老客们则会背着一篓子一篓子的老酒，一伙伙地赶到梁子上的网房子门口，大声吆喝着："好酒！好酒！"整日不断。

酒是渔夫们时刻不能离开的东西，特别是梁子上下箔的打鱼人。查干淖尔和库里渔场一带的渔夫，平时每人一天二两酒，由把头分配，而不够时则要自己预备了。扫冰预示着"一季"的活儿要结束了，该好好庆祝一下了，庆祝的方式就是喝酒。鱼在梁子上换了钱，钱又换了酒，大家三五一伙地庆祝一番，喝得酩酊大醉，然后准备归家。

从梁子上回家的渔夫们往往背着钱和酒，一步步奔回家乡。

冰槽子捕鱼

在北方，捕鱼活动深入到人类生存的每一个角落，各类捕鱼工具又名目繁多，无奇不有，冰槽子捕鱼是又一种冬捕方式。

冬天，北方江河湖泊上冰已冻平了，这时，渔夫们将冰开出一个30多厘米大的长槽，一头冲着冰下的水流，一头用东北平原高粱的秆棵——秫秸，把口编封住，这就是冰槽子。

需要注意的是，使用冰槽子的季节往往在深秋初冬，这时水虽然冰冻了，但冰并不厚，而且有时夜里结冰，白天太阳一照或风一刮，冰又破裂，称为跑冰排，俗称跑冰。

跑冰时，鱼儿敏感地躲冰，并自己寻找不被冰所划、所碰的地方，于是不知不觉地就进入冰槽子里去了。

自古，动物就寻找着生存的理想之地，可是它们的智慧终究不能和人相比，这既是渔民们设冰槽子的来历，也是人类掌握自然、探索自然的一种继续。

北方江河冰排封冻会发出一种响声，"嘎嘎"的响声，恰恰成了"赶"鱼的响动。这时鱼儿游得非常忙，而且一下就游进了冰槽。这种冰槽捕鱼也就十几天的工夫。上冻，不跑排不行；冰冻厚也不行。一个上等的冰槽子，可以捕几千几万斤的鱼。有一年在老什王鱼梁子，渔民们一个槽子能打3万多斤小白鱼。鱼在槽子里，黑乎乎一片，把江冰都焐化了。

冰槽子捕鱼用的材料，古书中把它称为"梁秸"，东北的方言中又叫"箭杆"或"将杆"。从前，生活在北方的满族先人女真人很早就会种高粱，粱果为人吃，秆楇为牲口料。那时他们的居室从桦树皮马架子、撮罗子到后来的泥坯草房，秫秸都成为重要的建筑材料。

据《桓仁县志》载："草房则覆以荻苇，茅草或秫秸。"《奉天通志》载："椽上盖以苇笆或秫秸，上覆稗草。"而从前《郭尔罗斯旗志》《乾安县志》《绥化县志》记载也都用秫秸制房和打槽子捕鱼。

另据江汉力在《满族的生产生活与秫秸》（《北方民族》1992年1期）中记述，北方民族生活的方方面面，几乎都离不开这种植物的秆楇。

秫秸浸湿后，用篾刀破成三瓣，用碾子压平，制成席篾，编成炕席铺炕（见《吉林汇征录》），亦可编成茨子，用来围囤粮食，还可编成锥形的酱帽子，盖在酱缸上防雨。

秋天打场前，农民挑选秫秸节较纤细者预留。冬闲时，满族妇女用其穿盖帘，由横顺两层秫秸穿成，钉线呈"回"或"万字"形，用以盖盆、缸等，木材缺少的地方也把它当锅盖用。还有的用秫秸梢编成小筐、箩筐等，用它装针线、小饽饽等物。最常见的是农村人家的"障子"（院墙），往往是用秫秸来"夹"，挡风挡鸡鹅，整齐而美观。

松嫩平原的渔猎民族对秫秸的使用太广泛了。网房子里的许多用具，包括门窗几乎都用其来制作，因这种材料各家都有，而且又"直溜"好使，特别是冰槽子捕鱼。这种材料下到水里，温度超过了零下六度时就会变得又硬又结实，但又不像柳条枝条那么硬，撞不破鱼儿的头和鼻。

鱼在冰层水下，当它们发现自己已是无处可逃时，往往会"自杀"，就是猛然间一头撞去，这可能也是动物的一种本能。特别是鳇鱼，它们的口鼻很嫩、很娇贵。从前，一旦它们的口鼻被撞破，朝廷怪罪下来不说，还卖不出大价钱。所以，秫秸是一种保护鳇鱼口鼻的上好材料。

冰槽子捕鱼

渔民的住宅

捕鱼人住的房子叫网房子。查干淖尔网房子多修在靠江泊岸边平坦一些的地段，网房子又叫网屋，是捕鱼人来往活动的处所，房前往往是一个大院子，或是一片开阔地，可以随时放爬犁、车马和晒渔网。

网房子一律是土坯大炕。

土坯是北方特有的一种建筑材料。

查干淖尔渔夫们在夏秋之际，将草和泥混合在一起，然后一块块地安在固定的木制模子里（叫坯模子），做成一块块一尺长短的土块子叫"坯"，在阳光下晒干后用此来垒网房子和大炕。

吉林地区属大陆性气候，冬季严寒，夏季又温热，一年之内有将近五个月的寒冷天气。用土坯盖房，既冬暖夏凉，又经济实惠。

土坯的种类分黑土坯、黄土坯、沙性土坯和棒性土坯四种。吉林民间把"脱大坯"算作"四大累"之一的繁重劳作。脱坯时，先将坯土堆积在平地上，把土中的疙瘩和杂物挑出，把"羊角"（草的民间俗称）层层放置于土中，然后浇上冷水，经过一天或半天时间的"闷"，使草和水都浸透泡软，再用一种名叫"二尺钩子"的用具去搅和。这样水、草、土完全黏合在一起，再用木制的坯模子为轮廓，把泥填进去抹平，然后将模子拿掉，一块土坯就做成了。

还有"草坯"。草坯其实就是草垡子，这种东西渔民们也用来盖网房子。

远远望去，那用土坯和垡子砌成的房屋，墙缝整齐，给人一种坚实和温暖的感觉。网房子里的大火炕也是很出名的。因为一个大屋子往往要睡上几十名小股子，所以火炕要搭得又宽又大，从灶头一直排到炕梢，而土堆的烟囱要搭建在网房子外的一头，俗称"烟囱安在山墙边"。

查干淖尔渔村人家屋里也都有火炕。南方人怕北方，主要是怕这儿的寒冷，其实在北方，外边寒冷，而房子里却暖和，这都是因为有火炕。火炕，来源于从前东北的"火窝子"。

火窝子是指人们烧热的"土"，从前叫"烧地卧土"。大约在原始社会时期，生活在北方的原始先民从事着农耕、狩猎和游牧活动，他们时时在野外露宿，后来发明了火，就把动物烤熟了吃。在用火烧烤动物时，火下边的土也被烤热了，于是人就懂得了挨着火堆挖个坑，坑内点燃柴草，使那些草烧尽后土坑受热，他们在坑内铺上兽皮和草叶睡觉、住宿，称之为"火窝子"。这可能是最早的火炕。

这种火窝子，由于有烟有火，所以野兽也不敢靠近，于是人们觉得这样既温暖又安全，而野兽见了"坑"，又以为是陷阱，也就不敢来了。

后来，当原始人逐渐集中，有的建了村落。这样，也把这种生活方式带进了村子，于是便有了早期的火炕。

据考古发现，大约在汉代时，东北的一些民族已有了火炕和火墙。到辽金时，火炕逐渐传入中原和关内。还有人断定，现在西北地区的"火塘""火池"等也是由东北的火窝子延续而成的。火炕的后端加上烟囱，就是房屋内走烟过火的"设备"，又叫"烟筒"或"烟道"。"囱"是屋子的另一种"通口"，是"烟"和"火"的通口。因为烟囱往往立于房上或高于房墙，于是又称为"烟突"。

查干淖尔的冬季很寒冷，这儿的网房子这样安烟囱也是和其百姓的生活方式分不开的。据《北盟会编》载：关东民众"其俗依山而居，联木为棚屋，高数尺，无瓦，覆以木板或桦树皮或以草绸缪之，横亘篱壁率皆以木，门皆东南向"。这里的人们，把土炕视为战胜严寒、度过隆冬的重要设备，因而便不能不考虑它的性能。而火从灶燃起至变烟飞出，以柴或草的燃烧力，均在8—10米内（指平均温度）。一般土屋中的火炕，长度大致为6—10米，有的小一些，但做成"连二"火炕，满族的炕为"万字火炕"，其长度也在10米之内。可见，烟囱安在山墙边，是为了延长烟火的走向，让柴或草的热度保留在炕内。

关东民间，在没有使用煤之前，山区以杂木为燃料，素有"满山小杂树，烧柴不用愁"之说，而乌拉的平原地带则烧"羊草"。这种草又粗又硬，干后很耐烧。无论是山里还是平原地带，烟囱安在山墙边既是为了保持炕内温度的绝妙之法，又是节省材料的精密打算。

查干淖尔渔夫冬天的主要燃料是草、庄稼秆、牛粪和木头桦子，这些燃料也得节省，但房子里一刻也不能停火。因从冰上回来的小股子，盼的就是暖乎乎的屋子，火炕整天得烧，炕头的炕席烧煳了也得烧，图的就是给打鱼人一个热乎的环境。

另外，查干淖尔糊窗子用的纸与一般的纸不同，人们称之为"麻纸"，也有叫"麻布纸"的。《扈从东巡》载："乌喇无纸，八月即雪。先秋，捣敝衣中败苎，入水成氄，沥以芦帘为纸，坚如革，纫之已户牖。"这里讲的是把麻浸泡后做纸。

关东天寒地冻，室内全靠火炕取暖，由于火炕都是靠窗子，这就和窗外有较大的温差，如果把窗户纸糊在里边，就容易缓霜，使得窗户纸经常脱落。为了使屋里保持暖和而窗户纸又不至于损坏，于是就有了这种"房屋装饰法"。

东北的老窗户纸是一种纤维特别长的老纸。在民间，这种造窗户纸的作坊俗称"纸房子"，在这儿从事造纸的师傅、伙计、徒弟一律称为"纸匠"。

造纸也是一项技术性很强的活计，首先就是收拾料，也称"剁绳头子"。民间造纸用的是芦苇、蒲棒草、花麻、线麻和绳头子。在使用之前，要把这些原料统统剁碎，用碾子轧。这种碾子要立起来使，碾盘是深深的槽，使料和水充分冲撞，头一遍要轧半天，然后开洗。要在槽子里撒上石灰块，然后转动碾子，使料和石灰拌水走。约莫两袋烟工夫，料和着水开始从有眼的碾子底淌入旁边的池子里。这时，纸房子掌柜就喊："成垛！"早有准备的小半拉子拎来大耳朵柳条筐，把麻从水池里捞出来，控尽了水，使碎麻成筐状一坨一坨的，然后，把这些坨子抬到屋里的大锅上去蒸。蒸麻，是纸房子很热闹壮观的活计。小伙计们把上百斤重的麻坨子，一坨一坨地摞在锅上，要摞得很高很高。垛和锅台周围是一个一个手操棒子（杠子）的力工，他们喊着"嘿呦——嘿呦——"一层一层、一摞一摞地使劲用杠压水，使坨里的水分溢出，以便开锅时不透气、不跑气，全上气。

压水时，纸匠们"嘿呦"的有节奏的喊声，配上开锅时"哧哧"的蒸气响声，加上挥杠舞棒的人在朦朦胧胧的水蒸气里走动，给人一种说不出的神秘之感。

什么时候蒸到份儿，全靠纸房子技术大柜一句话，而这个大柜，全凭他多年的经验。蒸麻时，小打们一抱抱柴火或一背背大桦子，堆放在灶坑前，低头烧火，大柜不说停，就得加火。什么时候他发话："好了。不用添火了……"小打要马上住火。于是，一锅麻蒸好了。

蒸完起锅，挑到水池子里开搅。直搅到水里看不着毛，像一池子豆腐脑一样了，掌柜的又喊："打线！"

线，是另一种池子。老祖先留下的关东民间造窗户纸的老法，使"打线"这个活别具一番风味。打线的人，每人手拿一根二尺半长、带个弯儿、头上有磨碴儿的小棍，也叫"沙拉子"或"沙拉刺"。打线是苦活、累活，固定一个线打3600下。

一听说纸房子要"打线"了，前村后屯的大人孩子、大闺女小媳妇都赶来看热闹。这时，纸房子的大院子里，打线的纸匠们一个人一根小棍，围在那一个一个"线"（池子）旁，共同挥动手中的工具，"唰唰""沙沙"地打线。

经过打线，水沉淀一宿，第二天开始捞纸。捞纸是大技术纸匠的活儿，讲究计件。俗话说，晒纸容易捞纸难。要讲究手劲儿、心劲儿，还有好体力。

纸从池子里捞出来，从帘子上一张一张揭下，然后码在池子旁，当够一定数，就用"压马"压上。

压马是利用杠杆原理制成的一种挤压工具，一头拴上个大石头，使另一头增加压力，把压力传到另一头木板上，木板上是捞出的从帘子上揭下来的纸。

这样一压，第二天早上基本干了，但还是潮乎乎的。于是，小打用小车子把这样的纸推到"风墙"里去。

风墙，是用立砖砌成的一个4尺宽的墙过道，上边用庄稼秧棵苫着。晾纸时，揭开上方的秫秸，北风和阳光透进来。小工把纸一张一张贴在风墙上，让它自然风干。如果天气好，几袋烟的工夫就可以干了。

这种关东民间的麻纸，又粗又厚，上面再用胶油勒上细麻条，刷好桐油，典型的窗纸就做成了。这种纸不怕雨水和潮气。雨水打在这样的窗纸上，能顺利地淌下去，潮气在里边一打，化成水珠，也无法浸入到里边，而是滴了下来。

在关东，风大雪硬，可狂风再大，也不能把窗纸吹裂、吹坏，春天风起，狂风尘土也不易把窗纸击碎。这是关东人生存的经验积累。冬夜，当北风扬起沙雪，"哗哗"地击在窗子上，像千军万马在奔腾追逐，像战鼓在"咚咚"地擂响，使人心里充满了一种神奇的感受，可是屋里却温暖宁静，窗纸抵挡住了寒风冷雪的袭击，关东父老暖暖和和地睡在土坯房子里，度过严寒的冬季。过了冬天，网房子夏天还有人住，主要是夏季捕鱼的渔民或孤身的跑腿汉子们，他们没有家，这儿就成了他们的家。而糊着窗纸的老窗，夏天就支起来，称为"支窗"，这是为了房子里能通风换气。窗户纸糊在外，这是生活在查干淖尔一带的人们的一种聪明和智慧的记录。

渔民的穿戴

查干淖尔渔夫的穿戴往往和北方的农民差不多，但是他们的鞋、帽子、手闷子（手套）、腰带子什么的，一定得讲究。这种"讲究"，不是说为了多么美观，而是指一定要保暖、适用，特别是要适应在冰上作业。

手闷子

在冰天雪地里捕捞，首先得用手，手闷子很重要。手闷子，就是手套。在查干淖尔，冬捕的渔民都喜欢戴四个指头合并在一起，大拇指单在一个套里的手闷子。四个指头放在一起，可以保存热量，做时又省工省时。

提起手套，这种东西在远古时就有了。最早，皮手套仅仅是作为人类服饰的一个附属用品。日本皮革研究专家获原长一先生在他的《皮革生产实践》（轻工业出版社1988年6月版）中记载，从前手套的主要目的是为了"防止冷、热以及其他危险对手的伤害"。根据古希腊的历史学家记载，早在公元前400—500年，当时的希腊人戴皮手套主要是为了防热。公元前

100年，希腊人在收获橄榄时也常戴手套。公元前200年，雅典艺术家在吃饭时，将很烫的食物先放在皮手套上。已知目前世界上最古老的手套是埃及国王土吞克哈曼的皮手套，至今还保存在埃及的博物馆里。

查干淖尔渔夫戴的多是棉布手套（手闷子）或羊皮、兔皮、狍子皮、狗皮、猫皮的手套。"手闷子"是土语，指保暖，热气"闷"在里边的一种服饰，但皮手闷子的制作很复杂，首先要"选皮"。

选皮是用动物特别是母狍子、母牛、母羊的皮来制作较为合适。要先把皮子在"划槽"中浸水，不停地晃动木缸子，经过一夜，第二天早晨换水洗。然后是"浸灰"，就是用"刮子"把皮张上的肉刮去后拌灰，再在缸子里晃动。然后静静地放上一夜，第二天早上再清洗出缸，并用刮刀将皮刮到1.8—2.0厘米厚，接着进行第二次浸灰。

这种"灰"就是农家的柴草灰或谷草灰，土语叫"把干"。接下来是脱灰与软化，然后浸酸，加盐粒子，再静放一夜然后"开搓"。就是把皮子放在一个木凳子上像揉面一样不停地团揉，直到把皮子揉热、揉软……

这时，要使皮子冷却下来，主要是搭在"搭马"上（一种木马似的木凳，用来晒皮子），放在院子里或草地上晾挂，等回湿后，拿回去剪裁缝制。这样的手闷子在捕鱼时戴起来非常暖和，看起来外表很土，但里边暖和舒服。我问老渔把头石宝柱大爷，戴上它好吗？他说，你自个戴上，品品吧。

老皮袄

渔民多穿皮袄。这本身就是一种沧桑的东西，动物的皮，披在人身上，可打鱼的渔夫一定要穿它。

老皮袄又称老皮筒子、皮壳子。这是用整张羊皮制作的，毛朝里，让板子露在外，腰上扎腰带子。老皮袄都是打鱼的从镇上皮铺买来的。从前，大赉、镇赉、卜奎（白城）、前郭、沙吉毛吐（洮南），都有许多像样的皮铺。每到秋天，皮匠们就从来自草原上的皮货商或牧民手中收购大量的皮张，然后熟制。

熟皮制衣是一道古老的工序。皮匠们戴着一条长长的拖地的皮围裙，整天在臭烘烘的作坊里忙活着。

这种熟好的皮张，柔软厚实，做成皮袄很是抗雪压风，每年渔民都要从镇里的皮铺拉回大量的皮袄，穿上它上冰。

也有网户达（东家）去皮铺替打鱼人赊账，等打上鱼后再给钱。但许多时候都是打鱼人自己用熟皮子做皮袄。打鱼人都是聪明好手，为了省钱，他们往往自己把动物皮张（一般是羊皮）拿来熟，手法和上面的差不多。也有渔村自己开的"皮铺"，渔民既是渔夫又是皮匠，熟出的皮袄不比镇上的差。

冬天在茫茫的风雪中穿上这种老羊皮袄，打鱼人会显得分外的威风和有精神头，而且这种皮袄领口和袖口开阔，也便于头和手活动，是一种渔民十分喜爱的穿戴。到了冬天，来查干淖尔的人都想穿上一件老羊皮袄到冰上去打鱼，或者纯粹为了体会这种渔猎文化。

渔民们家家都有这东西。从柜子里、仓子里拿出一件，穿上去照一张相，那浸泡着查干淖尔潮湿鱼草气息的老皮袄是十分有趣的。

牛皮绑和水袜子

有时，我简直不敢相信自己的耳朵，听听这名，只能来自查干淖尔打鱼部落。牛皮绑,其实就是一块皮子的别称。

这块皮子相当软,下水底修箔、补箔时一定要穿上,并可用来防止鱼扎脚。

这种"牛皮绑",也是渔民们自己熟的,而牛皮绑里往往要套上"水袜子"来取暖并软乎脚趾。水袜子是一种棉线织的厚袜子,因牛皮绑在外边兜着,这样多大多厚的袜子,也就不显得笨重了,里边穿上水袜子,脚趾头可以自由移动,便于拿土站稳。

冰上和梁子里的活,全都是冰冷和打滑的,要稳定身体,全靠脚的力量,脚不稳则全身晃,使不上力气。而平底的牛皮绑配上软软的水袜子,正好适合冬捕时渔民使用。

这种水袜子又叫棉袜子,在江河湖泊边上作业的渔民,一年四季都离不了这种水袜子。如在夏天,船在靠岸时往往由于岸边水浅靠不了,这时渔民就要穿"水叉"(一种鞋裤相连的服饰)涉浅水上岸,水叉里就要垫水袜子。

缠腰布子

打鱼的,一定要有一条缠腰布子。

就像西北黄土高原上的人要有一条白羊肚手巾一样,东北的渔民要靠这"缠腰布子"来体现自己的职业特征。

缠腰布子就是一般的白花旗布染成黑色或蓝色,镇子里的布店或乡下的染坊都有。一条缠腰布子要10米长,得可腰缠,一下子可缠个十道二十道的,这样起到壮腰保暖的作用。

冬捕打网和下梁子的渔民,人和冰水打交道,别说水往身上落,就是"气"也冷。这种"气"，指"冰气"。冰气从冰上起，吸人身上的热量。而人干活时消耗热量，就容易出汗，一出汗，就容易受风。特别是腰部如受了风，人就无法再站立，于是人们就想到了使用缠腰布子来保护自己。因此，缠腰布子是打鱼人的一宝。

缠腰布子多是梁子捕鱼渔民所用，而围脖巾多是冬捕时打冬网的渔民所用。这是一块长方形或三角形的蓝麻花布子，有时扎在腰上，起到了腰带子的作用，可以使皮袄紧紧地贴在肚子上和身上，有时风大，冰水四溅就把这种"布子"扎在脖子上，并把一角一掀，盖住头，包住顶，免受冰水冷风的袭击。

说起来，这种家染的老麻花布子也有悠久的历史了。据史料记载，我们的祖先早在商周时就已掌握了染色技艺。《尚书·益稷篇》就有"以五彩彰施于五彩作服"的记载，说明当时人们已经掌握了用五彩染料染制各色衣物的技术。又据《考工记》记载："……三入为纁，五入为緅，七入为缁。"说明古人已掌握了重复染制调整被染物品色度的本领，而东北民间的"老染坊"就专门染布子。

古人染色所用的染料都是天然的茎、叶的汁液（蓝色），茜草的汁液（红色），还有少数动物类的如胭脂虫的分泌物以及少数矿物如铜绿（绿色）、朱砂（红色）等，当然都是在麻、棉一些纺织物上着色。打鱼人使的麻花被、褥子和腰布子、包袱皮子，都属于用草靛印染出的农家土布，也是查干淖尔渔夫们穿戴和使用最普遍的一种。

貉壳帽子

北方的冬天，捕鱼人的帽子非常重要，因为这儿太冷，帽子如果不抗风，人就会冻麻。这里的捕鱼人爱戴的是貉壳帽子。貉是北方平原靠岗近水边的一种小动物，喜欢在江边柳丛一带奔走，它的皮毛特别的珍贵，主要是毛细密，根部柔软，毛发直长，特别抗风遮寒。

在查干淖尔一带，冬天如果谁能戴上一顶貉壳帽子，那是让人羡慕的事情，而渔把头，必须要戴上一顶貉壳帽子，这是他们的威严。

据老渔把头吕祥义和石宝柱他们讲，渔把头在冰上领人冬捕打鱼，自己一定得打扮得威威风风的，戴顶貉壳帽子，这才像个把头样。

冬季，各种帽子要到镇上的帽子铺去定做或买来，但"皮货"也有自己用熟皮制作的。"壳"就是皮的意思，是指干了以后的"皮张"。如渔把头蔡少林师傅，他就会熟皮子。

貉壳帽子戴上后，对耳朵和后脖梗子起绝对保护的作用。在冰上捕鱼，冷风最爱吹扫后脖子，脖子一受风，就会红肿，于是人便会缺氧头发昏，就会站不住。而貉壳帽子的毛正好可以挡住吹脖风，保住这关键部位不受寒。好的貉壳帽子还会"吃雾"，雪花落上，一抖就掉；风一过，老雪又会从帽子上的软毛上飘走，真是神奇的帽子。

乌拉头

渔民的鞋，叫乌拉头。

乌拉是东北民间用牛皮做成的一种鞋。

传说有一年，乾隆皇帝东巡来到关东地区，一看这里百姓脚上用一张动物皮裹着，乾隆帝问："这是什么？"

百姓答："鞋。"

乾隆是位聪明的帝王，他说："此鞋独到奇特，又备受边民喜爱，既然没有名就叫它乌拉鞋吧！"

这一下，这种鞋可就出了名了。因乌拉是地名，而这种鞋又是皮革所制，所以就以乌拉二字代替。

据农安"聚盛永"鞋铺掌柜赵喜贵大爷讲，当年在关东乌拉的制作十分讲究，一张牛皮只能出四五双乌拉，而一到四五排乌拉之间最好的是二排乌拉。头排取皮在牛尾巴根那儿，称为"糟门"皮，二排取皮在牛屁股和脊骨处，是最好的位置，所以二排乌拉价格最贵，往往比头排和三四排贵三四倍，鞋也特别耐穿耐磨，三排是腰骨处，皮质打横，制作不出优质乌拉，只有二排乌拉叫"十字花骨"，是优等货。

做乌拉要练手指和手腕的劲儿。乌拉不分左右脚，但手活一定要好，用单线别褶，别一针透一个。上脸别褶都是讲究的工艺。做乌拉的皮子要用谷草熏。东北的谷草，经霜梗硬、叶厚，点燃后烟大。用谷草熏后的牛皮干湿适度，扯拉得体，上针不抽不走，拿完褶上完脸，还要在后跟上钉两个扁钉，以便走起路来往后"沙"，抓地稳。关东乌拉分大褶乌拉和小褶乌拉。大褶乌拉产于乌拉街一带，一般是8个褶；小褶乌拉产于辽宁海域的牛庄，一般是10个褶左右。

查干淖尔捕鱼人喜爱乌拉，就像喜欢自己的儿女一样。打鱼的人俗话说，冬天在冰上打鱼，只要脚不冻，人就不易坐病，而最好的保护脚的服饰就是乌拉了。穿这种鞋，里边要垫乌拉草。乌拉草是东北草原和山林间生长着的一种小草，秋天割下，用木槌一砸，垫在乌拉里，关东人把它称为"三宝之一"。垫上乌拉草冬天走在雪地上不起"丁脚"。"丁脚"是指鞋后跟上冻起的冰土疙瘩。北方气候寒冷，冬天在外作业的人，最怕鞋子下边起"丁脚"，长了"丁脚"则走路发滑，抓不住地，而穿乌拉就不打"丁脚"，并且不累脚脖子，不勒脚趾头。又由于鞋里塞进足够的

渔民的穿戴

乌拉草，脚套在里边，又暖和，又舒服，又宽松，不劳累，还不长脚气。有时在别人看来乌拉穿上沉，其实打鱼人不怕沉，在冰上，沉又成了"轻快"，因为在冰上走会发滑，脚下沉反而身子稳，穿乌拉的人在冰上走得很稳，所以乌拉是打鱼人最喜爱的"宝贝"之一。

渔猎习俗和禁忌

吃鱼看脸谱

查干淖尔渔民家，往往珍藏着许多珍贵的鱼文化脸谱，什么冰神、霜神、黑鱼精、鲇鱼精等等。

在查干淖尔做客，家家招待客人的时候都少不了鱼。

出鱼的地方，鱼菜花样翻新，其中有一道最有特色的菜，叫"拌生鱼"。

这儿所说的拌生鱼，单指冬捕时节和开江季节的鱼。冬天，江底的鱼儿经过一冬的沉寂，肚子里的泥呀、草呀都"吐"得干干净净，就剩下新鲜的肉啦。开江的鱼也是这个特点，所以这时才吃拌生鱼。拌生鱼最理想的鱼是嫩江或查干淖尔的老黑鱼。当然鲤鱼、胖头鱼、狗鱼也不错。做时是这样，先把鱼的鳞片和内脏去掉，然后扒鱼皮。这时，鱼的脊肉露出来了。要用快刀片下鱼的嫩嫩的脊肉，切成细丝，放进装醋的碗或盆里搅动。等醋汁浑浊了，就换一下，直到醋汁变得清亮，鱼肉丝变成粉白色为止，就可以吃了。

吃时，一定要备好盐末、味精、香油、蒜末、鲜姜和芥末油，根据自己的爱好可加辣椒、海米和芝麻酱，然后夹起来蘸着吃。

还有一种吃法，干脆不先用醋"拿"鱼腥，而是就着大江大湖的原始腥气儿，蘸上一点醋，这样吃才有一种原始的自然味道。

这种拌生鱼，吃一口顿觉全身清爽，使人胃里积存一冬的浊气顿时全消，使人精神倍增，浑身有劲。

如何吃鱼，还有很多讲究。鱼端上来了，整整一条或煎或红烧，要将鱼头对着客人放。夹鱼时不能先动鱼头，更不能先碰鱼的眼睛。老渔把头石宝柱说："动了它的眼睛，鱼就找不着道了。"

渔民说，鱼奔亮。而捕鱼活动是一件亮亮堂堂的事，所以鱼都奔来。吃鱼时，再看一看那些奇特的鱼神和季节神脸谱，听一听每一位鱼神的来历和传说，真有一种奇妙的感受。

入乡随俗

来到查干淖尔，人要学会适应这一地区的民俗和风情。比如，鱼来和来鱼这种概念在查干淖尔渔民的心里是坚信的，谁也不敢去破坏这种信念。在查干淖尔渔场，一网鱼打上来，旁边帮忙的或是看热闹的想拿一条鱼回家吃，打鱼人见你拿了鱼，就会顺口问："回不回来啦？"

如果你说回来，这啥事没有，打鱼人还会高高兴兴让你拿走，如果你说不回来了，那就瞧吧，打鱼的把头说啥也不能让你把这条鱼拿走，你就是拿着跑出二里地，也得把你追回来。你想想，"鱼"不回来，还让打鱼的下网打个啥呀？

在网房子或渔民家最忌讳的是背着手走路。特别是从网房子出来，背着手走了，这叫"背气"。背，是不吉利、不顺当的意思，也指手气和运气不好。到渔民家或进网房子，无论干什么，只要是头一次来都必须说吉利话、办吉利事，首先要"道快当"，就是会说话。如："快当快当！"或："各位心里敞亮！"这时捕鱼人也会回答你："快当快当！""一样一样！"这叫"道辛苦"。

道辛苦，是对人的一种尊重和理解，也是人的一种品质。你对他们道了辛苦，打鱼的觉得你够朋友，看得起他们了。只要你向他们问了好，道了辛苦，网房子里的人就会拿你当朋友看待，并会热情地说："上炕坐着，抽烟！"像自家人一样。

渔民和二人转艺人

东北二人转艺人有时到网房子里给打鱼的人演节目，俗话叫"唱网房子"，他们认为这是"穷人"看得起"穷人"，于是互相担待。打鱼人下网或起网，艺人就歇着；他们回来或吃饭，这边锣响就唱，这叫"两不耽误"。

但有时一个段子唱到半截，人家就干活去了，艺人就得留着"茬口"，等他们回来再接着"茬口"唱。"茬口"指到一个段落，下次能接上。

网房子不许进女人。

捕鱼人都是男子汉，唱戏的要上女角色就得"包头"，男人装女人。有的男角一打扮，一上妆，就和女人一模一样。曾经有农村那些光棍傻小子看得直尿裤子。

在农村或网房子，人们看看"包头"的艺人演出，也解解总也见不着女人的思恋之苦，所以这也是可以理解的。在网房子唱二人转，事先不讲价，唱到最后一天临走时，网房子统一"给赏"。赏，就是给鱼。

赏多赏少，就看这几天鱼打得多少。如果鱼打得多了，就多赏点；如果打得少了，就少赏点。但一般情况下，捕鱼人不让艺人吃亏。他们往往说："咱们捕多捕少，有时能找回来，年成好了，水肥江富，就兴许多捞。他们走南闯北，看人家脸子行事，不易呀！"这是查干淖尔渔民的人品。捕鱼人的心地是好的，艺人的心也是善良的。有时一季不景气，捕鱼人给钱，唱戏的就不要。往往说："给点鱼得了！"还有时先赊着，来年再说。

总之，艺人和捕鱼人都是穷人，他们的共同特点是别看人穷，可都要脸儿。

就像捕鱼人知道江风冷暖一样，他们也深知唱戏人的不易，下晚睡觉总是把背风的地方腾出来，让给艺人睡。平常炖鱼总是挑大个的下锅，表示对艺人的"敬"。而唱戏的艺人呢，只好拿"艺"来回敬。

在查干淖尔给捕鱼人唱段子主要是注意别说不吉利话。

这些人愿意听喜歌、喜段子和笑料口。有时他们也想听"春的""粉的"。因为在网房子不是按出给钱，所以艺人往往也不忙，往往该"春"就"春"，该"粉"就"粉"，稳稳当当，有头有尾，一点不掐不减，把肚子里的"玩意儿"都亮出来，报答网房子里捕鱼人的热情善良，安抚他们的辛苦和劳累。

渔民的忌讳

渔民最忌讳说话不算数或被人看不起。在网房子或"梁子"上，他们最忌讳的是外边来人就问："屋里有没有人？"

没人，那是牲口啊。

在江沿上，不能小看人、小瞧人。上江，不能随便从打鱼的工具上迈过去。冬网在冰上捕鱼时，除了爬犁外，再凉再累也不能坐在打鱼工具上歇着。

打鱼人不"伤害"工具，这是他们的品质。他们尊重工具，更尊重那些有打鱼经验的上了岁数的老渔把头。

网房子里的炕头，一律是留给渔把头的。因为冬捕时天寒地冻，网房子里唯一暖和的地方就是炕头，这地方叫"头铺"，挨着头铺的地方叫"二铺"，这是一个屋里的最佳住处。这个地方就专门留给大把头、二把头，不是一般人能住的。

这个地方平时也不能随便坐。

过去来了客人、土匪、胡子或拉鱼的老客，打鱼的往往"让"说："台上拐着！"（请上炕去坐着）这是对客人的尊敬和高看一眼。

平时这些小规矩，打鱼人也要时时记住。如网坏了，出窟窿（出洞）了，不能说"坏了"，要说"出亮子了"，大掏、水线折了，叫"生了"，吃鱼吃完一面要翻过来时，叫"划过来"，这和烙饼一样。

在船上和冰上，碗和盆不能扣放，不能把筷子横放在碗和盆上，不能用筷子敲打碗盆。夏天不能在船头撒尿，冬天捕鱼在冰上不能冲着太阳撒尿。

拿鱼时，不能拿鱼头或拎鱼尾，要拿中间。在冰上冬捕，所有的鱼都要拎在手上或扛在肩上，不许夹在腋下。

夹，他们认为不吉利。夹是"卡""刮"的意思。这都容易使人联想到夹网、卡网，这些都是不顺利的意思。打鱼图的就是顺顺当当，这也许是他们的一种心理禁忌，一切与"不顺"有关的行为、声音、动作他们都忌讳。他们最烦赶车拉鱼的老板子"夹"着鞭子进网房子。对打鱼人不敬，他们认为也是对江河湖泊中神灵的不敬。

打鱼的"规矩大"，是指他们在江河湖泊自然环境里生存，危险性大，他们希望自然的神灵来保佑他们，所以开网前祭河神，冬捕凿开冰后，还要杀猪，把猪血淌进冰眼的水中。据说这样，"河神"就领情了。

敬河神的心理过程一直延续在他们一生的生活历程之中。这表现了人对自然的一种依赖。

网房子灶坑里的灰不能往大江或大泡子水里倒，这是怕"呛"着河神爷。

有一回，一个不懂事的小孩上网房子玩，他也不明白呀，寻思帮爷爷干点活吧，于是把灶坑里的灰扒出来，一筐筐地倒在泡子的冰上了。正好这天冰网上的人回来，说网打空了。把头往外一看，问："这是谁往冰上倒的灰？"

大厨房的师傅说："不知道哇！"

小孩说："是我呀！"

把头说："谁带的孩子？"

大师傅愣了。这是一眼没照到，让他犯了规啦，于是"扑通"一下就给把头跪下了。说："都怪我，孩子不懂事呀！"

可是，说啥也没用。渔把头不但没给他股子，还把他当时就辞退了。

在船上，管船叫"三爷扳子"，桅杆不能叫"桅杆"，要叫"桅"，大桅、二桅、小桅，杆和"干"字连音。"干"指不吉利。水干鱼就少，所以打鱼人特别禁忌提"干"字。

绳，在船上处处有，冬捕也时时离不开绳。但是打鱼人不能单提

"绳"，要叫什么什么绳。这一是单提一个字不顺，要双字双音，表示多，不单一。再说也是捕鱼生产的需要。如把头向小股子要绳，说要什么绳？哪种绳？必须说清，所以船上的绳分别叫"蓬上绳""绞绳""抱椇绳""锚绳"等等。

祭水神

捕鱼特别要注意观察自然的变化，天、地、雪、风、水、气，起什么雾、刮什么风、涨什么水、堆什么土，这些都关系到捕鱼。在嫩江和查干淖尔，捕鱼人最怕的是"河神爷修府"，所说的河神爷修府，是指江泡里的乌龟在江里挖坑要"修窝"或下蛋。

具体的特征是，只要打鱼人突然发现江水起沫子，或沿边上的泥土"噼里啪啦"往江里滚。这时，打鱼的就紧张了。他们往往互相说："河神爷修府了！"

在江河水底，龟的体积大，它的硬壳一搅动，岸边的土就会滚到水里，很有破坏力。

鳖鱼"修窝"很厉害，有时眼瞅着岸上的窝棚或网房子一点点地倒塌在江水里。自古人们对"龟神"十分崇拜，这时捕鱼人要赶快祭河神，就是"杀猪"，也叫"许猪"，许愿的意思。

把一头猪抬到江边，把猪按在江边开杀，让血流进水中。这时渔把头点上香，跪下向着大江磕个头，说："河神爷，别在这一带修府了，让我们快当快当吧。等我们打了鱼，再来祭祀你河神爷……"然后放鞭炮。

这时，网房子要把猪肉炖上，所有来人谁赶上了，进屋说一声"快当"，然后上炕就吃就喝。

对鳌神的祭祀在网伙子组织好后要先去祭它的庙，并由东家和老把头一块去，特别是冬捕的时候。祭祀的爬犁安置得十分隆重。杀好的鸡、新蒸的馒头、上供的香、叠好的纸码、铺供的老纸，都要带上，渔民们大人小孩送到泡边上，远远地看着大爬犁在灰蒙蒙的冰雪原野驶向天边，渐渐消失。

查干淖尔河神庙坐落在如今乾安县陈字井泡沿的一处高土台子上，里面除了鳌神牌位之外还有山神、土地神、河神、老把头等。这时爬犁到了。

人先把纸铺在庙前的雪地上，摆上供，把头和掌柜的齐刷刷跪下，先磕三个头，然后挺起身说：

"河神爷，俺们来了，

来看望你祭祀你来了，

求你保佑俺们照看俺们吧

我们这就下湖开网啦，

让我们打红网多打鱼，

能平平安安顺顺利利的，

等打了大鱼，

再来祭祀你河神爷老把头。"

人类的图腾崇拜最早都是来自对崇拜对象的恐惧。动物学家在久远的岁月中发现了龟有顽强的生命力，对它的崇拜也有祝福人类自己长寿之意；和这种动物生活环境近的人很了解它的习性，崇拜它有很多时候是为了保护自己的安全。查干淖尔渔夫崇拜鳌神也常有原始崇拜的形态，足见这种崇拜的珍贵和古老。就是今天，冬捕夏捞如网中有龟，人们要重新把它们放回水中。老渔把头蔡少林和石宝柱都跪下，先磕三个头，然后挺起身说："不知是怎么回事，现在俺也不吃它的肉……"这是一种文化和观念的传承和延续。这种历史越悠久，文化的力量就越巨大。

查干淖尔人的河神庙原在湖的西北方向20多公里处，这一带总刮西北风。如今位置已在泡子底了。

烧完香，然后回去。回去后，就是"开网宴"。

开网宴，主要是渔把头或网户达（东家）请网上的"四梁八柱"（主要负责人）。往往是在东家或镇子里某某家的大馆子里举行。由把头摆上菜，倒上酒，然后把头把酒高高举起，对"各位领头人"说："诸位，如今要开网了，咱们是一个伙子。没别的，喝了这碗酒，咱们就拧成一股绳，每个人各负其责吧。领网把头，你要精心，跑动要及时，前后都得你呀！跟网把头，你要眼尖，小股子们咋样，全靠你发配！马轮把头，你要赶好套子，绞大掏不是玩的，要跟上拖力……"总之是对所有把头嘱咐一遍，然后大吃二喝一顿，这算是开网饭。

神秘的冬捕仪式

地处嫩科尔沁草原的查干淖尔冬季捕鱼仪式很隆重，嫩科尔沁草原久远的历史过多地积淀在它的渔猎文化上。如今祭湖仪式由查干淖尔边上的妙音寺僧人来主持，他们咏诵经文，祷告水神保佑渔夫们的安全，而其实是提醒打鱼人一定要团结，一定要集体行动，他们叨念着"水神"的名字，手举皮鼓，虔诚地翻动着经书，然后围着敖包奔走，接着举行大型的"跳鬼"。

跳鬼就是跳查玛舞，这是一种古老的原始祭祀活动。从前草原人称为

"博"。博是一些有很强能力的传人，他们懂得生活中方方面面的知识，他们会看病，会给牲畜和动物治疗；他们懂得草原上各种植物的来历；他们知道天气变化的原因；他们甚至知道人和一切生灵的生死；他们是草原的智者。他们还精通各种民俗掌故和传说，而这一切都是通过舞蹈来展现的。

查玛舞是查干淖尔冬季捕鱼节中的古老的民俗事项。跳者都戴面具，通过那些做成动植物形态的面具，去讲述人类远古时期各类动植物神灵战胜邪恶、乞求平安的故事。音乐采用原始的古朴苍凉的乐调，配以咚咚大鼓击打，让演者以鲜明简洁的动作去述说情节。这样，音乐和舞蹈都不烦琐，给人以清楚而新鲜的深刻烙印，反映出原始文化的特色。查玛舞舞蹈语言生动强烈，无论是出击还是奔走，形象地讲述了这个民族在游牧、农耕、狩猎等生活中的体会，充满经验性和历程感。

查干淖尔地区民俗文化的规范化说明了嫩科尔沁人们具备了很强的生存能力。人类生存能力和生存经验往往是通过文化和民俗活动来一代代地传承下去的，因此民俗活动越丰富、越规范的地区，说明人与自然的融合越典型，就越应该引起世界各民族的重视。

接下来是"醒网"仪式。醒网，是指"网"在秋季以后一直放在一旁沉睡，现如今要冬捕了，网该"醒醒"了。这其实是人在生存历程中对他们发明的工具的崇拜。

人类改造自然往往依靠技艺，对技艺和工具的崇拜表现了人类对创造这些技艺和工具的祖先的崇敬，这表现了人类的崇高的品质和情怀。因此，"醒网"也叫"祭网"。其实祭网是祭所有的捕鱼工具，只是以网来代替。

他们先把网放在供桌上。僧人们点燃了一种"年息香"，这是用草原上一种植物制成的，点燃时不许用火柴，要使用原始的火石自然取火。这其中也包含着对自然和原始科技能力的歌颂。点上香后，渔把头大声叨念："网啊，这一季冬捕了，就看你的了。你帮俺们多捕鱼；你能帮俺们，你有这个能力。等俺们打上鱼，再祭祀你呀！"说完，把头举起了手中的酒碗。

这时，站在冰上的若干名渔把头每人端起了大酒碗，一渔把头搬起一个酒坛子，往每个人的碗里倒上酒。

当大家都满上之后，总渔把头喊："喝了它！"

于是，所有的渔把头一齐将碗中的酒喝下，这叫"壮行酒"。这是一种烈酒，每一名"网片"把头都要一饮而尽，但不能叫"干"。因为"干"字不吉利，不提它。喝完后，把头喊："上冰——"这时所有的人都跳上拉网的大车或爬犁，浩浩荡荡地开赴冰面去捕鱼作业。

这时，冰面上的蒙蒙雪雾冻风里，冰镩凿击冰的咔咔声，马轮拖网的吱吱声，以及渔夫们用行话喊叫的声音及出鱼时的欢笑声，久久地在风雪弥漫的查干淖尔冰原上飘荡，传播着查干淖尔人久远的冬捕历史和浓郁的北方风情。

到了冰上还要祭祀。

有钱的大户人家带猪羊，没钱的带鸡什么的，都行，但一定要带纸、香，还要带鞭炮。在查干淖尔，最穷的渔民冬捕时也得抓头猪留着祭祀，不然不行。当第一个冰网眼打出后，把头让人在冰上摆上供品，把酒倒在大碗里，然后命人杀猪。

猪要在大冰眼前杀，让血淌进冰层水底，然后用爬犁把猪拉回去，把头手端酒碗在冰眼前跪下，用手指尖蘸一点酒，向上一弹，这是撒给老天爷的，打鱼的靠天吃饭；再蘸一点，抹在自己额头上表示对天的敬仰；再往冰上撒一点，这是敬河神，是大湖给予了渔民丰厚的生存资源。接着高喊："水神湖神，冬网开始了，保佑俺们多打鱼，别出事；拿了红网，年年祭祀你呀！"

然后把酒碗端到嘴边，一口喝下。大喊一声："下——网——"这时鞭炮齐鸣，震落风雪和寒霜，整个冬捕开始了。

以鱼过日子

在查干淖尔，百姓一年四季是以"鱼"来过日子的。这儿，冬天捕来的鱼，吃不完，就将其晒成干，挂在自家的房前屋后，表述着一个渔猎之地的风情风貌。

而且，手艺巧的人还自己"扎"鱼。那是一种传统手艺。把草原上的庄稼秆棵（高粱、玉米或葵花秆）剁齐，然后用麻绳勒上，制成鱼的骨架，再在外面用绸布（有红、黄等颜色）粘贴在上面，鱼就成了。

查干淖尔村落是鱼干的世界。

在这里，无论春夏秋冬，人们往村里的任何一个角落望去，都有鱼映入眼帘。

两棵大树间拉过一条绳子，鱼串在上面风干。风吹来，那一串串的鱼干十分有韵味。而且，站在这些树下，一股浓浓的鱼的气息就从天上飘荡下来了。

各家院子的墙上，也挂着各种鱼。鱼肉红红的、鲜鲜的，但已干透，可以随时带着走向远方。

冬季，人家的苇墙上、房檐上，都有冻鱼挂那里。那是一些鲜鱼，是以自然的寒冷保存着它们的新鲜和本色。这种冻鱼很是好吃，一点也不走味儿。

扎鱼灯是查干淖尔人的绝活。

如果是大鱼灯，就要组合。

往往头是一组，腰身是两组，尾是一组。肚腔里装灯烛，点燃后舞耍……

做这种"鱼灯"往往是指"鳇鱼"，因这种鱼典型又形象。鱼身是红色，给人以鲜明的感觉，鱼翅用黄色，表示这是大鳇鱼，尾用浅红或粉色，表示它活泼逼真，而且鱼的嘴还要会动。这种"鱼灯"被称为"活"物。用时人举着，上下一舞，那鱼嘴便会上下咬合，与真的鱼儿一般。

在查干淖尔，一到冬季，这种鱼灯就更加受欢迎。特别是每年的腊月三十和正月十五的灯节，没有鱼灯出现是不行的。这是生活中的鱼和文化中的鱼的相互存在，一种更加鲜活的存在。而且，家家不但准备"鱼灯"，还要做冰灯。

冰灯是那种"鱼"文化的延续，是冬捕和冬季渔猎文化的印记。人们做冰灯已十分熟练。那往往是用木桶或挑水用的柳斗子、水筲等，盛上水，搬到户外。由于东北地处严寒，只一袋烟的工夫（大约15分钟左右），器物中的水贴近边缘便上冻了。这时人们把器物中水倒出，贴在器物上的"壳"就成了灯型。

这时，要会"取壳"。

取壳，就是把冰套顺利地从器物中倒下来。往往是搬进屋内，在炕上或灶前一烤，冰壳会自动脱落，这时要及时将这些冰壳再搬到户外，保持在寒冷环境里，这就是"冰灯"。

用时，在灯心上点蜡烛，一盏盏晶莹的冰灯便成了。

在查干淖尔，夏天人们离不开水。冬季人们离不开冰。冰的那种晶莹形态已和人们的心灵贴合在一起，构成查干淖尔人冬季的生活内容。

以画过年

在查干淖尔，渔民们保持着当地人家的传统风俗——贴年画过年。这里的年画虽然在传统上离不开中国民间的神灵、习俗，如天地、门神、灶王等等。但除此而外，一些以当地题材为主的年画逐渐地在人们的生活中丰富起来并传承下来，因为查干淖尔也是一个年画之乡。这里的年画，冯骥才把其称为"闯关东年画"。

冯骥才先生以他的文化慧眼盯住这片土地，他说："如果从文化的角度看山东人闯关东那个壮举，一个饶有兴味的问题一定会冒出来——这千千万万山东人给关东带去了哪些齐鲁的文化？他们的文化被那片冰雪大地吸纳融合了吗？"

闯关东是求生渴望所驱使的普通民众的迁徙，它带去的肯定不会是精英文化，而是随身的乡土文化。精英文化是自觉的，民间文化融于温暖的生活与情感里，往往是不自觉的。可是，只要生活融合了，文化就会生出根须，往那块陌生的土地有力地扎下去。那么，怎样才能找到闯关东所特有的文化踪迹呢？他告诉我，要去认真寻找一下。

他还说，如果认真去寻找一种东西，那种东西一定也在找你。关键是它出现时，你是否能识出它来。

从清初至民初这二百多年间，两三千万山东人一批批前仆后继地奔赴广袤又肥沃的东北大地谋生。民俗是一种无法丢弃的顽固的文化心理，而且情感浓重的山东人一定会把故乡的习俗作为乡情乡恋最深切的表达方式。于是，盛行于齐鲁民间的年画，被千里迢迢带到这里，一年一年渗入东北的生活里。

从近代出版的一些东北的方志（例如从黑龙江的《兰西县志》《桦南县志》《宝清县志》到辽宁的《桓仁县志》、吉林的《白城县志》《农安县志》《榆树县志》等等）看得出，腊月底都有张贴年画和门画的风俗。这些地方恰恰就是山东人闯关东的落脚地。

可是，山东人闯关东是漫长的二百多年啊！东北三省使用的年画一直都是山东人从老家捎去或是由关内供应的吗？既然东北有那么巨大的年画需求，山东人会不会把他们的作坊搬过去，甚至在那里也形成一些小产地？我这样推测，是因为很多年画产地的源起，都始自一些心灵手巧的外来艺人把刻板印画的手艺带过来。会不会有一种我们从不知道的"闯关东年画"？

历史上，清顺治年间，清入主中原，建立了清朝，便把东北作为自己的祖先发祥地而保护和封禁起来，不许人进入。可是到了清道光和咸丰年间，由于中原天灾人祸，许多破产农民无以为生，于是开始了冲破封禁令到东北谋生的历史阶段。据相关资料统计，从清中叶至民国初年大约有3500多万人越过山海关与渤黄海到达了东北。当时的科尔沁草原一带，是清政府为了感谢蒙古族贵族帮助他们推翻了明朝而划给他们的附属地。可是，在1840年鸦片战争之后，由于清朝的部队在与外国联军的交战中败下阵来，朝廷开始疏远他们，引起以曾格林沁为首的蒙古族贵族的不满，于是他们率先废除了封禁令，开始租荒卖地，吸引中原农民前来开荒，这无疑是诱发闯关东的重要原因之一。

历史上的中原木版年画的制作工艺真的有如冯先生分析的那样，它是经过闯关东的人将手艺带至东北，并在东北定居，从而形成和发展起来的，所以冯先生称为"闯关东年画"。当年，在今山东济南市的历城千佛山有一户李姓人家（和程咬金一个屯），老爷子李祥考取了秀才功名后在家乡开起了画店"李秀才画坊"，继承了中原和齐鲁地区的木版年画风格和手法，并以民间风俗和民间信仰的题材为主开始了木版年画生涯。

谁知清光绪十年（1884）由于李祥的儿子李连春私自为莱芜和章丘一带的捻军和大刀会印制刀枪不入"符图"被朝廷发现，朝廷以"通匪"罪名通缉全家。为了留下家族后代，李老爷子李祥忍痛为儿子选了一条生路——闯关东。于是在光绪十一年冬天（1885），李连春告别了父亲，带着2岁的儿子和10岁的妹妹闯关东来了东北。从此，这个中原齐鲁地带的著名木版年画手艺人就开始了他漫长的闯关东生涯，并成为查干淖尔渔夫了。

清雍正年间先期到达东北的"六喇嘛甸子"李家屯叔叔家，虽然那时先祖人家已不在了，但他在落脚后，一边打鱼一边开办民间木版年画作坊，报字号为"洮南李"。

对于吉林闯关东年画的故事，正像冯骥才先生说的那样，一只大鸟腾空飞去了，它那飘落的羽毛随着历史的风尘在久远的时空中飘荡，我们正在努力地去寻觅那种美丽而珍贵的羽毛的落点，并小心拾起。在查干淖尔，闯关东年画的根，深深地扎了下来。

在唐丫家，在这一带的许多渔民家，李连春和许多闯关东画家们反映渔猎部落生活的民俗风情年画一下子多起来，成为这一带的主题。

每到大年，儿子石宝柱都要去库里镇上赶集，娘唐丫说："捎回一张《连年有余》。"

于是，年年这张画要贴在她家的墙上。娘只有看着这张画上了墙，心里才有底，她家一定要贴它。有了鱼（余），就是一种福，也是吉祥。

其实这些年来，她在心底还是在怕"小齐国"，这个当年发下话要来抢她的人。但是，儿子在查干淖尔扎下根来，她觉得稳了。她想用这样的年画来延续她的平安、儿子的平安，还有就是查干淖尔土地的平平安安。

抽地锅

在查干淖尔，这里的人养成了一种生存习惯，大地是人们的烟袋锅。这还是当年，父亲领着母亲唐丫到查干淖尔避难时留下的传统，民间称为"抽地锅"。

那往往是一些打鱼的、种地的、赶车跑外的老板子们，有些时候跑劳累了，于是就说："咱们抽地锅吧。"

抽地锅，先要搭地锅。先找一块较为平坦的草地（或田间地头，或河边江沿），用锹或腰刀把地土挖成一块块的，然后起出来，堆成一个"锅"样。大约就有饭碗那么大，中间要留出鸡蛋大的一个坑，这称为"地锅"。然后将烟末堆放在"地锅"里面点燃。抽时，就不能用烟袋了。抽这种"地锅"要选苇秆来当吸管。

由于苇秆有"节"，要选那种节较长的直溜的芦苇来用。折苇秆时要注意，不能在苇子节处齐刷刷地折下，这样反使苇秆的"节"隔住了走气。要从"节"的里边一点折下去，使上下两头都通风走气才行。备好苇秆，几个人抽，就发给几个人。每人一根，趴在地上的"地锅"周围，把苇秆递到地锅的燃烟末上，便可以吸了。

抽地锅是一种"聚人气"的习俗。老渔把头石宝柱说，从前的人都自己带着烟袋和烟口袋，但有时还是抽地锅，这因为抽地锅往往是大家凑在一块，能"聚"在一起，互相连抽带烤，有生气、有人气。而且，抽地锅时大家靠得近，有什么悄悄话、咬耳根子话，都能交流。还有，就是这种抽地锅法可以让平时不抽烟的人也加入进来。

长久以来，抽地锅一直流行在查干淖尔土地上，成为聚伙、交友的重要行为和过程。如胡子、土匪、打鱼的、走船的、狩猎的行帮，常常以抽地锅作为他们交结朋友的重要过程。因为抽地锅是面对面的认识，是心对心的靠近，不然不抽地锅。只有没亏心事，互相对得起，投心投意的人，才能抽地锅。这表示团结，是一伙人。还有一句民间俗语说："出了山海关，不抽对火烟。"就是说人不能抽地锅。一旦有人让你抽地锅，当烟的火光一闪，发现你是陌生人，便会动手。这从另一方面也证实了抽地锅的人必须是熟悉的，同心对意的才行。

在东北民间，两伙人见面了，往往盘问："你是'里条'还是'外条'（新朋友还是老朋友）？"如果对方说："兄弟你忘了！咱们一块抽过地锅。"这就等于有了保障，是朋友，而且是老朋友。抽地锅在东北民间已成为"患难之交"的代名词了。但近代，由于行帮的逐渐消失，加之烟和烟具的普遍传播和使用，这种用苇秆来抽地锅的习俗已经彻底地绝迹了。但作为历史上和民间曾经存在过的生存事项，抽地锅的方式方法和规俗及来历应该是东北重要的民间生存文化遗产。

鱼星图在天上，一代代照耀着地面，与查干淖尔构成奇妙的存在。那往往是在冬月的午夜，这个图画更加明亮和清晰地印在天上。这个时候，查干淖尔就快举行冬捕祭祀了。

查干淖尔的冬捕仪式是在生活之中自然而然地酝酿并举行的。

当大地一封冻，天变得非常寒冷时，这项古老的祭祀活动就开始了。人们主动地走向冰原。娘唐丫早早地给儿子准备好了皮袄、鞋子和手闷子……

娘老得已经不能出屋了。她心中对查干淖尔的季节和时辰却了如指掌。

儿子也不用问，娘件件事已为他准备周全。

"酒烫上了？"

"烫上了。"

"喝了？"

"喝了。"

娘于是撵儿子："快些上冰吧。听听，冰上的锣鼓已敲打开了……"

儿子一步迈出屋去，脚步声消失在院子外的雪路上。

有一年，那是娘眼神好时，她亲自出屋，到冰上去过。她记住了那祭祀的一道道程序。等待仪式开始时，她看看一帮像她年轻时一样的漂亮姑娘，每人都穿着鲜红的长裙，举着一根火把，到"圣火"盆中点燃……

"她们多好啊。"

唐丫想："她们没有'小齐国'的威逼和追杀，都是一些自由自在的活法。"她抹了一把眼泪，心里仍在颤抖。

现在，她出不去了。但她按着时辰在自家的炕上猜测，现在到姑娘们点"圣火"的时候了，现在到"查玛"们跳神的时候了，现在到把头给上网的渔夫们喝壮行酒的时候了。再过一会儿，就是她的宝贝儿子快80岁的石宝柱捞头鱼的时候了。

每次都是儿子为冬捕祭祀捞起头鱼，她就觉得该是儿子下手。儿子在她的肚子里生成时已是查干淖尔著名的男子汉的血种，那是让她心满意足的一个男人。在北方，在查干淖尔，当人们提起老石头，那是让查干淖尔草原直颤抖的人物，"小齐国"终于被他震走了。

据说，若干年后，"小齐国"曾放出话，我不要唐丫还不行吗？我只想见见老石，我想和他交个朋友。

唐丫对老石说："让他远远地走吧，谁和他交朋友，永远不想见他。"娘这样说着时，岁月已在渐渐地流逝，儿子也渐渐地老了。

查干淖尔冬捕传奇

一到了冬天，查干淖尔处处充满了传奇，每一个小股子、渔把头、看网房子的都处在产生传奇和进入传奇的角色中，这是因为冬捕是人类和大自然的一场独特的搏斗，生活的每一个角落，都被冰镩击冰和马儿拖拉马轮绞网的声响调动起来，那是生活和大自然的神经，当若干年过去之后，这些被岁月磨洗过的故事和传奇依然精彩。

地老天荒

冬天捕鱼，人和大自然去较量，俗话说，不是男子汉，当不了打鱼的。是严冬，是风雪，养育出北方剽悍的捕鱼人。

有个渔把头，叫杨显生，他从15岁开始，就腰扎麻绳，穿上老皮袄，跟着大车去打鱼了。他先和一个叫蓝青山的在安达泡子打鱼、赶马轮子，一共挣了11元钱。到后期，冰快化了，把头说："行网——"

行网，就是搬家，指换换地方，挪挪泡子。可往哪儿行呢？有人提议："上查干！听说那儿鱼厚。"

渔把头说："中。"

大伙齐喊："开拔！"

从安达泡子走，起大早，一直往西南。马拖着装网的木车在荒凉的草原雪地上狂奔。长途怕马累着，人舍不得坐车，有好几个小股子累得在地上跟着马车爬呀。

到天黑了，才遇上一个屯子的小店，把头花了钱，大伙进去就睡。第二天天还漆黑，大毛星还没退呢，把头就喊："起——"

打鱼的都齐心。大伙坐在车上，马儿跑在雪上，人们一口一口啃着冻豆包、冻窝头。天一放亮，已走出60多里地了，这个地方叫乌兰毛都。向一个捡粪的老头打听："老爷子，到查干淖尔还有多远？"

"啊？"风大老人听不清。"查干淖尔？"

"皮里儿？"老头一劲儿打岔，"我这帽子是兔子毛。"

大伙暗暗叫苦。这时候在荒原上，连打听道的都遇不上啊。大伙正发愁，就见远处的雪原上来了几匹马，近了才看清是几个遛马的蒙古族人，汉语说得不太好。听说去查干淖尔，他们一指说："不远，也就三四十里地，一条毛道。"

蒙古族人走后，把头问大伙是走还是歇。

按实情应在本地打打尖（吃点饭），但一听说"不远"，大伙就说听把头的。把头说："不就三四十里地吗？我看咱们赶路。兄弟们，辛苦点，抢上时间就是钱哪！"

大伙也说："大柜，出门在外，听你的。"于是立刻停车喂喂马，就又开拔了。一口气干到晌午歪了，前边还不见查干淖尔的影子。大伙感到奇怪，这是怎么回事呢？这时，人挺不了啦。更主要的是牲口不行了。俗话说，打鱼的，拉大车跑外的，人吃不吃都可以，但牲口虐待不得，那几匹拉渔网大车的马一个个跑得蹄子都"拍巴掌"了。拍巴掌就是指蹄子拖地，不抬腿，任凭你棒打鞭抽。

这时，远处来辆拉草的车。打鱼的问："大把，你上哪？"

拉草的老板子说："乌兰毛都。你们上哪？"

"查干淖尔。"

拉草的一听，大吃一惊，说："你们咋造这来了？"

"这是哪儿？"

"五马沙坨子！"

"离查干淖尔还有多远？"

"还有80里。"

"离乌兰毛都呢？"

"整整120里。"

呀，大伙大吃一惊，一头晌造出这么远，这也不怪聋老头和蒙古族人，是他们没听清人家的话，就走开毛道了。不行了，卸车喂马吧。于是，小股子们立刻烧火、饮马地忙活开了。

天黑下来了，四野还有些亮光。东北风，小清雪在荒甸子上打着旋地刮开了，荒冷无边无际。

吃完饭，就套车。荒原雪地上，一群黄羊奔上来，跑得扑腾扑腾的，足有四五百只。那时的嫩科尔沁，草场草原，水足地肥，野生动物很多。这些黄羊是东北亚地区的典型类别，又叫普尔热瓦尔黄羊。

把头说："黄羊找水吃冰！咱们按它们的道走。"

于是，大车鱼队上了路。跟着黄羊跑起的烟尘走，一走走到半夜两点，到了查干淖尔的北沿，还有10多里地就到冰上了。这时，大伙也累得实在不行了，正好前边一个屯子，渔把头进村子里敲门："俺们是打鱼的，借一个宿吧！"

屯人问："多少人？"

"八九十人。"

"不行，太多呀。找屯头（管事的）吧！"

可是，半夜三更的，多麻烦人哪，干脆自个找卧子睡吧。把头摸黑一看，屯子一头有一溜破房框子，墙上刻着老花边，这可能是清朝兵营的一个仓库，正好空着，住上吧。于是，就进去了。

人一进去，顿时尘土四起，惊得无数狐狸和黄皮子（黄鼬，又叫黄鼠狼）从窗台和人的脚下夺路而逃。打鱼人一人一捆谷草，铺上狗皮或自个带的棉袄，一个个睡得贼香。

第二天一早，屯头来了。一问是来查干淖尔打鱼的，就说："你们咋不早打招呼，这样不坐病吗？"

把头说："就是怕麻烦你呀！"

屯头说："查干淖尔就是打鱼人的家呀！只要你们来了，有我吃的，就有你们喝的；有我睡的，就有你们住的。没吃没喝，一个虱子咱们一人一条大腿！"

说得大伙都笑了，可心里是暖的。

于是，屯头派下饭去，家家有份，半个屯子都招待着这伙远道而来扑奔查干淖尔的打鱼人。

吃完饭，太阳升起一竿子高了。把头对领网的人说："看看人齐不齐！齐了就套车。"于是，这伙人又马不停蹄地一口气赶到了查干淖尔最里边的泡子梢上。蓝把头说："这有个空地方！"

杨显生说："我相相（看看的意思）。"

他跳下车，在泡子雪上走一走，用脚把雪搓开，蹭蹭冰。只见冰色发灰，而且"鱼花"（气泡）多极了。他大喊一声："卸网吧！"

蓝把头拍了一下他的肩膀，说："中啊。"

杨显生说："咱们打上一网看看。"

转眼间，一排冰眼打出来，大伙立刻在领网的指挥下，把大拖网下到冰层中。晌午头，马轮子开始"吱吱"叫唤，大掏升腾着蒙蒙水气。太阳落红，日头平西，青口开始"并掐"（合网），只见大个子鱼一堆堆被拖上来，冰面上立刻堆起了鱼山。这一网足足打了7万多斤……

本来几天几夜没吃好、没睡好了，把头本想让大伙住网，歇一歇，可是小伙子们一见鱼来劲了，一个个都喊："再来一网！再来一网！"

打鱼这行当，可能有瘾。大伙来劲，把头也架不住了，于是说："行！"

又来了一网，这一下4万多斤。大伙不回网房子了，干脆爬冰卧雪地在冰上干了三天两宿，网房子的小厨子把荞面卷子搬到冰上，就连做饭的也抄起网兜从青口往上抄鱼……

丰收是人创造的。他们一共打了7网，共是30多万斤。鱼垛堆在查干淖尔的冰上，鱼山蒙着薄薄的白雪，人和马都变成了灰茫茫的颜色，人的胡子眉毛上全是冰凌。人，冻得已不会说话。一个个龇着牙，只会从嘴角冒白气。

两个抄网的小股子累得倒在冰上呼呼地睡着了，睡得是那样香甜，可是，手和胳膊插进冰洞的水里也不知道，等醒来，别人一碰，胳膊"吧噔"一声，就掉在冰上了。

他，一点也不疼。

直喊："大柜！大柜！你看俺这胳膊是咋的啦……"

把头跑过来一看，大叫："我的妈呀！"

119

把头把小股子的胳膊从冰上捡起来，一手搂着小股子，一手抱着那支掉下来的胳膊，哭了。说："孩子，大叔对不起你呀！这么小就领你出来闯查干淖尔……"大伙也都落泪了。寒风又把泪冻成冰疙瘩。

小股子却说："大叔，别哭，别哭。"他自己却哭了。说："大叔，俺不怪你。都怪俺自个不听规矩。打鱼的早有规定，放冬网不能在冰上打瞌睡，都怪俺呀！"把头说："孩子，啥也别说了。从今往后，你就是我的骨肉，大叔我养活你！我给你成家立业，娶妻生子。到老了那天，没钱买棺材，我用葫芦瓢给你盖脸！"从此，把头把这个小股子当成了自己的骨肉。

查干淖尔的风雪，日夜在白茫茫的旷野上吹刮着，许许多多鲜为人知的故事，在这亘古荒原上生成。那是人与荒原的杰作，别地无有，别土不生。

住快当

查干淖尔冬季捕鱼的季节，是当地盛大而欢腾的节日，捕鱼的人忙，周围的屯屯户户也在忙，大家都在想着怎样去充分体现这种欢乐和品尝这种壮丽，因为当地有一种古老的习俗——道快当。

道快当，是指在冬捕的季节里，任何一个过路的，只要你来到网房子，推开冰面上网房子的门，说一声："大柜，辛苦了！"捕鱼的人就会心底一热，忙招呼你进屋上炕，热情款待，并给你做各种鱼吃；临走打鱼人还会指着鱼堆说："拿几条鱼回家过年吧。"道快当的人往往扛上两条鱼，千恩万谢地走了。

为什么在东北，在查干淖尔，在那无垠的黑土地上，来人只要问一声好，就可以让人感动，而且瞬间便成了朋友呢？

我站在查干淖尔冰原上，我眺望那伸向远方的无尽头的白雪平原，感受着北风的呼啸吹刮，我深深地悟出一个实实在在的道理，那就是黑土地会给予人博大的胸怀。你救俺，俺救你；你帮我，我帮你；不需要讲任何条件，谁讲了条件，就会被东北人看不起。

人们都说北方的黑土荒瘠，荒得没文化。是啊，初来的人一眼望去，到处是白雪和草原，与江南相比，这里似乎缺少了那些"温馨而精致的曲曲弯弯"，而且"透着点儿苍凉和浩茫"（余秋雨《山居笔记》）。可是，人一到东北，这片土地上的那种情怀，却深深地感染着人。人的情怀、人的精神，潜移默化地融在深深的黑土里。余秋雨把这儿称为"流放的土地"，去挖掘人性的深深的内涵。余秋雨挖掘的"流人"中的洪皓，恰恰是被南宋朝廷流放到"宁江洲城"（今松原）之地，这不正是查干淖尔吗？

《山居笔记》中说，从前的东北，地可不是这样的地，流放者去了，往往半道上被虎狼恶兽吃掉，甚至被饿昏了的人分而食之，能活下来的不多。流放是对人的长时间的可怕的折磨，死了倒也罢了，问题是人活着。许多人在等待着有朝一日朝廷的免罚或开恩，但是"茫茫的寒冷荒原否定了他们，浩浩的北国寒风嘲笑着他们"。没有几人能被"召回"。

他们的性格和感受，开始融入黑土地民族中。

东北的历史学家王维宪在《洪皓在松原及其他》中说，洪皓被流放到北方，每日挖野菜充饥，拾马粪取暖，还凛然不屈。一次，一位比较友好的女真贵族和他谈话，两人争执起来。女真贵族生气地说："你到现在还这么嘴硬，你以为我不能杀你吗？"

洪皓说："我是可以死了，但这样你们就会蒙上一个斩杀来使的恶名，恐怕不太好。离这儿30里地有个叫莲花池的地方，不如我们一起乘舟去游玩，你顺便把我推下水去，就说我是自己失足，岂不两全其美？"他的这种从容态度，把女真贵族给镇住了。女真人有钦佩英雄的习俗，后来当洪皓真的回归朝廷并又死于流放之途时，女真人还经常打听他们的"朋友"，并对他的子女倍加怜惜。

中原人的文化和北方民族的性格，在深深的交融中独立，好的精神会融合，同时会被一个民族深深地接受。

对于流放的遥遥无期，流放者的"朋友"深加同情，并不惜用自己的生命和年华去"送流"和"陪流"。

送流，是说朋友送朋友去流放。

陪流，是说朋友竟然陪着朋友来流放。

在东北的黑土地上，甚至诸多被流放的清朝官员与反清人士结成了好友。融洽，理解，一切恩恩怨怨都在塞北的风雪之中消解了，黑土地是人对人生命价值的重新确认的见证。

在东北的黑土地上，患难之交是真情，东北处处是生命对生命的呼唤，友谊对友谊的碰撞。据《山居笔记》中说，元时浙江人骆长官被流放东北，他的朋友孙子耕竟然一路相伴从杭州千里迢迢相送而来；清康熙年间兵部尚书蔡毓荣获罪流放宁古塔，他的朋友上海人何世澄不仅一路护送，而且还陪着朋友在东北住了两年才返回江南；更多的是流人和当地人成了生死之交，从而改变了这些人的处世哲学。余秋雨在《山居笔记》中还记述了一个出生在上海松江区的学者艺术家杨瑄，他多次莫名其妙地获罪，直到70多岁还在东北旷野上流放挣扎，可是后来，他终于认识到北方的黑土地是他生存得很好的情土。他在一首《谪居柬友》的诗中写道：

同是天涯万里身，

相依萍梗即为邻。

闲骑定卫频来往，

小擘霜螯忘主宾。

明月满庭凉似水，

绿荷三径轻于茵。

生经多难情愈好，

未觉人间古道伦。

随着光阴的磨洗，无数的生命与黑土上的民族相融合，产生了金子一般的珍贵情谊，那是一种患难之中的互助，余先生断言："在漫长的中国封建社会中，最珍贵、最感人的友谊必定产生在朔北和南荒的流放地，产生在那些蓬头垢面的文士们中间。"于是，生命才放出了一道奇异的光彩，北方的黑土才有了"道快当"这种奇异而又普通的民俗。

打鱼人都是苦人，苦人是社会中的最低微者；出卖劳力，无有他求，一句暖心窝子的话，便可成为朋友，便可分享他们用生命换来的所得，中原人往往称东北人太"虎"。

他们所说的"虎"，除了指粗犷剽悍外，就是"傻"。可是，傻人实在；用东北民俗学家王兆一先生的话说："虎人好忘己。"这是一种美德。

有了"道快当"，于是又有了"住快当"这样一种文化延续。

在东北查干淖尔，农历十月的时候，秋风送去南雁归，风雪交加盖荒原，大片的草和芦苇由绿变黄，冬季来了。

这样的季节是东北行帮土匪"猫冬"的季节。

猫冬，北方土语。猫，不是指动物，而是"藏""躲"的意思。就是躲在一个地方，等待冬天过去，他们再集合起来骑马奔走。在那样寒冷的茫茫荒野，他们能去哪里？于是，打鱼人的网房子就成了他们抢手的热点住处。这往往在他们"散队"的日子前，谁去哪个网房子"猫冬"已成定数，而且"小崽子"还捞不着。在一个像样的匪队中，只有大当家的和四梁八柱才有资格。

生活在查干淖尔西南的老匪"长江龙"，原是沙吉毛吐（今洮南）人，他"起来"得早，17岁就"落草"拉杆子。由于他起局是得罪了爹娘，爹从小给他介绍刘家油坊的掌柜闺女，他却偏看上了胡家皮铺的丫头，于是烧了刘家油坊只身落草，冬天到来时他无家可归。

土匪们讲究秋散春聚，就是青纱帐倒了先分散回各村各家，到来年青草能掩盖住马背再聚首。于是，每到散队前大伙都让大当家的先挑猫冬的地方。这时，众匪往往说："大柜，你先踢坷垃（找安身网房子）！"

长江龙："那俺就不客气啦。"

弟兄们笑着说："来吧！来吧！"

查干淖尔近百里的茫茫水面，早被无数打鱼队分割成数块地盘，而且土匪们讲究去年去过的网房子今年不能再去，这叫有再一再二，没有再三再四。人们都按着"习俗"传承着平等观念。

于是长江龙说："我上湖西北宋把头的网房子……"

在从前每到冬捕季节，各网房子的大柜也知道会有胡子来猫冬，他们早就给他们准备好了吃住和被褥。人们听来不禁要问，这不是"通匪"吗？

其实北方人不这么看。

北方人觉得，这些土匪已成为江湖浪子，爹娘们盼他们回头都盼不来，如今他们来猫冬，正是应该挽救他们的时候，何不借此机会暖暖他们的心。因此，查干淖尔渔民的每个网房子每年都接待几个无家可归或有家不能回的老匪来猫冬，这是北土人的情谊呀。

查干淖尔人都是些热心肠。现在人叫奉献，或说东北人都是"活雷锋"，从前的话是"借鞋连袜子都脱"。这种风俗在查干淖尔甚是普遍。其实来者和接待者互相都知道彼此的"底细"。胡子和土匪来网房子"住快当"，也有一定的说话"套数"。他们闯网房子，往往是在天黑以后，或是暴风雪的深夜。

查干淖尔渔夫看网房子的人都习惯给这些"浪子"留门。老把头睡觉前，往往看一眼跳动的油灯火花，说："留心点，今晚可能有客到。"

小股子往往说："这么大的风雪，拉鱼的也不会来呀。"

"不是拉鱼的，是住快当！"

于是，小股子们终于明白了，但还是浑身哆嗦。许多土匪马贼他们只是从老一辈打鱼人嘴里听说过。

大风雪在空旷无垠的查干淖尔荒野上烟似的吹刮着，北风像一位喝醉酒的大汉，粗犷地肆意喊叫，带着长长的尖厉的哨音，长久地在冰面上回荡。

有时，北风沉寂了，那也许是醉汉醉倒了。大自然也有劳累的时候，暴风雪沉寂的时刻其实是最可怕的，那是狂暴的反差，不知下一刻狂暴怎样开始。等待狂风暴雪起来的时刻让人焦急。难熬的等待，突然，网房子门外传来了动静，似有人敲门。小股子惊恐地溜下火炕，操起鱼叉推开门，却是风吹动了网房子房檐上所挂的羊皮裹着的马灯在晃动。这时远处有人走来了。小股子颤抖着问：

"你是谁？"

"我是我。"

"压着腕。"

"闭着火。"

多年野外冬捕打鱼生涯，他们对夜行人的规矩也是了如指掌的。来者正是猫冬的胡子长江龙。只听对方说："西北悬天一片云，乌鸦落在凤凰群。我今凳高了，马短了，想来你这猫冬！"

小股子问："是吃快当？还是住快当？"

"是住快当。"

小股子手一挥："大柜，房子里有请，炕头上被都铺好了。"到此，一个猫冬的关东响马就被热心的查干淖尔打鱼人接纳了。

可是，也有许许多多的岁月让人心惊胆战，那是北方的每一个人都记得的事情。那样的日子说来就来。

大片的黑土荒地伸向天边尽头，那是北方的苍凉和遥远。这时，人们突然会发现地平线上涌起了乌云，贴着地平线黑压压地向村落滚来。是乌云？是风暴？是沙尘？都不是，那是东北特有的"队伍"——胡匪的马队。马蹄雨点般敲打着荒土由远及近，尘烟土末飘荡起来遮住日头。天色变得朦朦胧胧。村落里鸡飞狗跳。胡子来啦。

男人们背负着爹娘向门外移动；女人们抱起孩子麻利地跳过院墙；来不及走掉的大姑娘小媳妇赶紧抠块锅底灰往脸上抹；死也不离开的老太太手抓炕席坐在炕上哭号着……

胡子终于进了屯子。大当家的叫喊："从西往东，挨家压（抢）！"于是，家家院门口响起了对话：

看皮子，掌亮子，

备上海沙浑水子，

小嘎子，压连子；

空干？草干？

空干哨富，草干连水，

非空非草齐个草卷，

掐着台上拐着！

这是东北黑土地上的胡匪自己的"语言"，村屯的百姓也一定要听懂、会说。这段话的意思是："看护好你家的狗，别让它咬人；点上你家的灯照亮；预备好咸盐和豆油；小孩去给我们遛马去。"于是这家主人要客客气气地说："大柜，饿了还是渴了？饿了就吃饭，渴了就喝水，不渴不饿给你一根烟，拿着坐炕上抽去。"

胡匪们进了人家屋里，高喊着："干净媳妇。"坐在炕上的老太太吓得哆哆嗦嗦地说："我们家没有干净媳妇，就一个埋汰（脏）媳妇还回娘家了！"

众匪们被逗笑了，说："不是媳妇，是扫炕笤帚……"

巧遇老才旺

老把头蔡少林说，在查干淖尔冬捕遭罪不用说，最担心碰上土匪胡子。这些人经常在江沿上遛，打鱼的得懂他们的规矩，不然就会遭殃。可是，他却曾遇上了一个挺有趣的土匪。

一年，快冬捕了，他请来了丁木匠带着两个徒弟给修理爬犁。干完了让小厨房给炒了点菜，预备了四个人的饭，他们就喝上了。正吃着，就见网房子门一开，进来一个人，手拿着一个大蝇甩子。开口就说："搬三（喝酒的意思）呢？"

他一听这"行话"，就明白了：来者不善，这不是一般的人。只有土匪、胡子才来网房子这么说。但他是谁呢？难道是"老才旺"张占锋？

于是他说："吃点？"

来人说："不吃。"

"上炕坐吧。"

"好。我拐着（坐着）！"

蔡少林看他干坐着，就顺口说："打听个人。"

"谁？""这一带有个老才旺吗？"

"有哇。""他现在……"

"死了。"

他说着，依旧甩着蝇甩子。

看看蔡少林他们吃完了。他突然问："你们吃完了？那我吃点。"

蔡少林一愣，说："方才你不说你吃了吗？"

他笑了，说："方才我看你们只有四个人的饭，我一要就没了。现在你们吃剩下了，我就来点。"

吃完饭，大家唠嗑。蔡少林问他"搬三"啥意思，他说："喝酒。老才旺就是我呀……"蔡少林吃了一惊。老才旺是这一带出名的胡子头，他"起"得早，人马多，枪法也准，传说他的绺子是"局红管亮"。

蔡少林说："你多少弟兄？"

"七百。"

蔡少林开玩笑地说："你可是个大胡子头啊。"

他说："我是，但我从不'拉房身'（不在自己家门口干），这叫兔子不吃窝边草啊！"

蔡少林说："大柜，这些年没人找你吗？"

他说："有，但是俺有功。"

"当胡子还有功？"

"当胡子就不行有功？当胡子有功，就是大功，因为俺们拜的是十八罗汉。十八罗汉从前是一家人，老太太领十八个儿子过日子。一天娘说：'儿啊，人家都会点什么，你也出去学点手艺吧。'于是儿子们就走了。一年后儿子们回来对娘说：'天下富人少，穷人多，什么手艺人都有了，就缺一个杀富济贫的，我们干这个吧。'娘一听，吓得说：'可你们杀人放火，人家一看这不是我儿子吗？'儿子们说：'不能。我们都化化妆，下巴上都贴上胡子，离家门口远点干事，这样就谁也不知道了。'于是，从此世上就有了这么一行，所以叫'胡子'，而且不在家门口'做事'……"

他讲的"胡子"的故事把人们都听入迷了。蔡少林又问："你不说自己有功吗，讲讲。"

他说："来根草卷……"（要烟抽）

蔡少林把烟给他点上，他边抽边慢慢说着。

他有个"连香"（拜把子弟兄）人称"王炮头"，他表弟是八路军辽北支队派来"收降"土匪队伍的，一天在执行任务时，让乾安一带的大土匪"两点"给抓住了。两点把王参谋捆起来，说："你打死了我的弟兄，我什么也不要，就要你的命！"于是，王炮头找到了老才旺说："大柜，想啥法也得把我表弟救出来……"王炮头特意和才旺说了表弟的"根脉"（来历）。老才旺是个开明的人，一听就答应了："这样的人得救。咱们吃这碗饭的人也不能吃一辈子！你放心，救不出来，我就捆他两点！"于是直奔乾安。

这一天，他来到了乾安两点的绺子。

一进院门就喊："西北悬天一片云，乌鸦落在凤凰群。不知哪位是君？不知哪位是臣？"

两点自己是有200人队伍的大柜，见来了"里码"（同行），只是欠了欠屁股，说："报报迎头！"（问你贵姓）

才旺说："人为财死！"（指自己姓才）

两点一听，愣了，难道是嫩科尔沁草原上著名的土匪老才旺？这可是个惹不起的主。于是，立刻跳下了炕，双手一抱拳说："啊？难道是才掌柜的？"

才旺说："称不起掌柜，我是老才旺啊。"

两点立刻让人冲茶倒水，并把才旺让到了炕上。才旺一上炕，故意把屁股上的德国造的跑梁子露了出来。就是想让两点看看，因他知道两点爱枪。

果然，喝着水，两点说："大柜，你的跑梁子（枪）啥牌？哪造的？"

"纯德国的家伙。"

"给俺看看，撸撸草籽子中不？"（打两下子）

"中。谁跟谁！"

两点一摸，枪嘴子冰凉，就知道他走了很远的路，准是为着"王参谋"而来。于是问："打哪过来？"

"查干淖尔。"

"这么远来，真的抽他？"（要他）

"不然能来吗？"

"好。可大柜，你知道，我是想用他换跑梁子发给弟兄们。如果你真的有心，就把你这个跑梁子扔下吧。"

"一言为定？"

"一言为定。"

"好。"

于是，两点命人将王参谋带了进来。王参谋蒙着眼睛，绑着。才旺说："给他松绑，我带走。"

两点说："不行。"

老才旺："怎么？你变卦啦？"

两点："我先挑（走）！剩下人你带着。这样稳妥。"于是，老才旺把王参谋领到房后，解开绳子说："你等我！"然后冲天放了一枪，又回到屋，告诉两点人已处决了。不一会儿，两点人马走了，王参谋被才旺救下，并认了才旺为姑父。才旺一直把王参谋送到开往哈尔滨的火车上。王参谋说："姑父，今后有个为难遭灾的，你找我！"

这以后，解放了，王参谋当上了一个地方的大官，可是他心里总是惦记着老才旺，并决心寻找他。而老才旺呢，就在他救了王参谋不久，他的队伍被打"花达了"（打散了），他一个人逃到查干淖尔西北的大布苏碱房子里去捞碱，每天穿着破棉袄、破棉裤，造得不像个人样。

这一年春季的一天，王参谋终于在碱泡子上遇见了老才旺，爷两个久别重逢，抱头痛哭。于是，王参谋把老才旺领回了家。一进屋，媳妇说："大姑父，你那破棉袄赶快扔了吧！我给你换季（换换新衣裳）。"

老才旺说："侄媳妇，还是我给你换季吧。"

"你给我换？拿啥？"

老才旺："你抖抖我那破棉袄！"王参谋媳妇一抖老才旺的棉袄，哗啦掉的可地都是钱。原来，那棉袄的每块补丁里都藏着银钱。从此，他才过上舒心的好日子。

蔡少林说，人们只知我是个打鱼的，却很少有人知道我还知道东北土匪老才旺，江沿上故事多，是因为东北胡子多。可是，一般的土匪、胡子不动打鱼的，因打鱼的也是"江湖"上的穷人哪。

古语说，胡子不离江边，这一是因为东北江河湖泊的周围都是"条通"（成片的柳条丛，当地人又叫柳条通），便于藏身；二是因为湖泊的四周往往是大片的野甸子，便于他们的马自由奔走。一般人走进茫茫草甸子，其实这是靠近了土匪窝，而冬季查干淖尔渔夫的网房子却是胡子喜欢吃住的地方。其实是打鱼的用自己的"乡情"感化着土匪、胡子们，土匪有许多是种地的"土民"，他们一见到和自己一样的"弟兄"（打鱼的），往往也忍着性子，使"住快当"成了东北典型的黑土地民俗。

吃快当

文化和习俗，是人类心底的力量。

有些人来到网房子只要道一声"辛苦"，就可以拿走鱼，但北方人知道捕鱼人辛苦，那鱼也不是大风刮来的呀，于是一些来网房子道快当的人往往也不空手，有的拿一串辣椒，有的带一辫子蒜，然后拿走几条鱼，也就算双方扯平了。这是这儿的乡亲和百姓的一种情谊，于是就有一些非常独特的习俗随之产生了。

古老的查干淖尔，有多少奇异的文化可以列入世界文化遗产之中去加以保护和探研呢？有一年夏秋之际，一个南方人长途跋涉来到北方的查干淖尔之地，当时他又饥又渴，正好见一个妇人在井台上打水，于是他就走上前去说："大嫂，请给点水喝吧。"女人望了他一眼，顺手从地上抓起一把土末子，洒在提上来的柳罐里的水上，说："请喝吧！"那人一看，心里这个气呀。向你讨一口水喝，你竟然把土撒在水上。

但这人又一想，出门在外，什么委屈也得受啊。于是，他忍着心底的气，蹲下来，双手把着柳罐斗子，边吹着水面上的土草，边喝着，终于喝完了，解了渴。女人却什么也没说，挑着水走进了村子。

那人没动地方，只是站在井台上，远远地望着她走进了村里的哪户院子，这才奔旁边的一个屯子走去。于是，一个主意在他的心底产生了。

这个人是干啥的呢，原来这个南方人是个算命先生，他来东北就是为了闯荡天下，寻找人间的奇闻怪事，挑水妇人对他的"待遇"，使他坚定了一个信心："俺要在这住下来，报复一下这个女人。让她也知道知道我的厉害。"他于是就在离女人不远的另一个村子住了下来。

由于他会给人算命，看房地、坟场有一套本事，所以很快就落了脚，并且有吃有喝，还被人高看一眼。这一年，查干淖尔的冬捕开始了。

一秋一夏的日子里南方人已打听好那女人的丈夫是个领网的渔把头，心里就有了打算了。女人的男人姓孟，叫孟尚春，这年冬捕他领着一伙子人上冰捕鱼，南方人了解到当地有"吃快当"的习俗，于是就找了一些和他好的地户给他们出主意说："打鱼人打的鱼也不单是他们的，这应该大伙都分分……"

村里人说："想吃了，去道个快当，弄几条来，不也行吗？"

南方人说："几条？太少了。"

"那还能成筐背？"

"不但用筐，还可以用车去装。"村里人哈哈笑了，"不可能吧。人家不让！"

南方人说："让，准会让。"

村里人一听，愣了。还有这好事？于是，南方人就一五一十地把自己的打算说了。村里人不敢这么做，但又有事总求这个南方人，于是只好按他说的试试，并且只到孟把头的网房子。

说来也巧，那一年，眼瞅着到了年跟前了，孟把头的队只打了一车鱼，这天天刚黑，看网房子的老五叔就听有人敲门。

老五叔说："黑灯瞎火的，快到屋吧！"

这时就见一个人手提一串辣椒走进来，说："掌柜的，快当！"

老五叔一看是来"道快当"的，忙回："快当！"

"也没啥拿的，给，炖鱼时放点！"

"唉，来就来呗，客气啥！"老五叔说，"快上炕暖和暖和吧！"于是接过这串辣椒。

来人说："不啦，我得走。"

和往常来人道快当一样，老五叔照旧说："别空手，拿鱼吧！"

来人说："不拿了。"

老五叔："这怎么成？这是规矩……"

在查干淖尔，到网房子来的人，回去空手走，等于骂打鱼的，而且也不吉利，这等于咒打鱼人再也打不着鱼。老五叔热忱地说："不中！不中！你得拿。"

那人说："拿，可我族里的人口多，少了不够吃，多了你不让。"

老五叔笑了，说："捕鱼人在冰上见面，就成了朋友了，啥多了少了的，少了不够，你就用车拉俺也不会说啥呀！"其实老五叔说的是笑话，但也是心里话。因为他知道，谁能用车来拉呀？

可是，他简直不敢相信自己的耳朵，只听那人说："真的？"

"真的。"

"这可是你说的？"

"打鱼人一语出口，驷马难追。我说的！"

"好。"那人说完就出了网房子。

老五叔急忙跟着追出来，只见那人向房后喊道："装鱼——"

立刻，网房子后边的雪堆旁真赶出两辆木轮子大车来。老五叔一看蒙了，忙上前阻拦，可那人说："这不是你刚才说的吗？"就在他和那人撕扯着时，来的人已把鱼装上了大车，临走甩给老五叔一句话："把头回来，让他到苏克玛找我！"

当天夜里，孟把头领人回到网房子听说有一伙"吃快当"的来了，竟用车把鱼拉走了，觉得很吃惊。于是，就按那人说的，第二天就找到了苏克玛。

南方人说："孟把头，这事办的是损点，吃快当也不能这么吃呀。可是我这一手是和你妇人学的！"

孟把头说："我妇人？"

"对呀。"

"她怎么得罪你了？"

"你问她。去年夏天她挑水，一个过路的讨水喝，她怎么待人家……"

孟把头愣了，急忙返回家。回到家他问妇人，去年是有人向她讨水喝吗？

女人说："有哇。我当时往装水的柳罐斗里扔了一把土，这才给他喝。"男人说："这就对了，人家和咱结下了冤仇。"

"什么冤仇？"

"人家用咱查干淖尔吃快当的风俗，狠狠地吃了咱们一家伙，用车来装鱼！"妇人说："他怎么能这样？当初，我往水里撒把土，本来是好意……"

"往人水里撒土，还是好意？"

妇人说："我见他走得气喘吁吁，人急喝不得凉井水，不然会炸肺坐病，于是我才往水里给他撒上一把土末，是让他边吹边喝，这样可以使他不得病呀！"

"咳！那你当时怎么不告诉人家？"男人急了。

妇人说："他一个大男人，我这个女人家怎么好和他细说什么呀？再说，他一个走南闯北的大男人，连这点民间常识都不知道，还当阴阳先生？"

后来，这个事传到了南方人的耳朵里，他后悔坏了。人家明明是为了怕自己坐病，才往水里撒把土末子让他慢慢喝；而自己小心小眼，为了报复一个女人，竟然住下来，利用当地风俗去坑害人家，自己还是个人吗？

后来，南方人羞愧地走了，离开了查干淖尔，再也没有回来。

在查干淖尔，这只是一个故事，可是查干淖尔人代代讲述着它……

捕鱼的要饭

打鱼人吃的是"季节"饭。到了捕鱼的时候，捕到了鱼，卖出去才是钱；有了鱼卖不出去，就等于你是个穷光蛋。

一年，一伙萨尔图一带的打鱼人来到查干淖尔，他们在湖上占了块地方，就凿冰下网，网网也就打个千八百斤的，由于他们来得晚，快开春了，冰上的鱼卖不出去。

那时卖鱼，都是老客到冰上来，讲完价，拉走，可是这一次由于快到年跟前了，人家该买的也都买完了，于是这堆鱼，就只好堆在查干淖尔冰面上。鱼本身也挡风隔热，一点点的，就把冰面焐化，鱼沉到湖里去了。

网户达一看急了，埋怨小股子们，可小股子们也埋怨网户达，说都到春天了，也没来外客买鱼，这能怨谁呢？可是倒霉的却是打鱼的，他们向网户达要工钱。

网户达说："你们没挣着钱，我给你们啥？"

小股子们说："啥都行啊。"

网户达说："一人给你们一百豆包。"

豆包是东北农村上好的干粮，是用黏米做成的一种吃食。网户达说给打鱼人黏豆包当工钱，这还是个不错的网户达呢，你不要就啥也没有，于是打鱼的只好每人背着豆包往家返。

道远，没有车，再说，就是有车，也没有盘缠哪，于是领网的就对大家说："这样吧，咱们到村里的纸匠铺，每人买或赊上一沓子'财神'，一边走，一边往各家子送吧！"

大伙说："这不是要饭吗？"

网户达说："这不比要饭好听吗？"

大伙含着泪，这么办了。

走啊走啊，进了屯子。每人分一家，站在人家院外喊："恭喜发财！财神到了！财神到了！"

东北人都明白，这是变相要饭的。可是已快到年了，家家的财神早已请到了，也不能请个没完哪。于是，迎出来，问："你们哪的？"

"打鱼的。"

"打鱼的咋造这样？"

"唉，东家，别提了，这不，往家走，分文皆无，一人就这一袋豆包。"也有看怪可怜的，给几个小钱，把他们答兑走了。

说起来，这给一袋子豆包还是不错的呢。

有一年，查干淖尔上一伙打鱼的赶上"背气"，在哪儿下网哪儿没鱼。也是因为湖上打鱼的网队太多了，几乎是网挨着网了，于是临到年跟前，硬是没啥分的。大伙大眼瞪小眼地在网房子的地上瞅着渔把头。

怎么办，渔把头和网房子做饭的一商量，说："数数，看看还有多少豆包，多少人；匣子里还有多少钱。"

一数，一人平均九个豆包，一元钱。

渔把头落泪了。说："弟兄们，我熊，我没看准网卧子，实在对不起大家了，请多包涵着点；一人一份，拿着吧。明年好了，我给大家补吧！"

大家还能说啥呢，于是一人九个豆包，一元钱，这就是一冬天捕鱼的收获，回家过年，其实和要饭的没啥区别。

半拉子卖鱼

出鱼的地方往往也出故事。

在查干淖尔西有个叫小塌拉红的泡卧子，有一年一伙打鱼的碰上"红网"（鱼很多）了。开网十来天的工夫，冰面上的鱼垛就垛了一趟子一趟子的，来买鱼的人挤满了网房子。这些买鱼的南来北往的都有，有辽宁海城、铁岭、昌图、辽阳一带的；也有四平、梨树、长春的；还有黑龙江和内蒙古地区的，南腔北调操着各种口音。这其中有一个从梨树来的老客，连毛胡子，姓于，叫于洪涛，此人面相凶恶，一副猪肚子脸，带着十多个人，在大小厨房横逛，别人行事都看他的脸色……

为了显示他财大气粗，他穿着一件破皮大衣，十个手指头成天抠挲着，每个手指头上都戴着一个金镏子。

冰上开网已经好多天了，鱼堆得都已经干不开活了，只剩下"葫芦心"（中间的一块卧子）了，网户达急得对把头说："这么多鱼，咋还不出手？"

渔把头说："已经说好了，明天装车。"

下晚，把头特意从冰上赶回网房子，命小厨房炒了几个菜，烫上乌兰塔拉的老酒，然后举起酒碗说："诸位老客，如今我们开网已多天，诸位也歇得差不多了，明天你们就装车吧！"

老客们一个个喝酒，谁也不吱声。

渔把头明白了，这是因为于洪涛的鱼垛横在冰道最前边；他不装，别的老客动不了。从前，装鱼的不许挑拣，也没法挑拣，只能以先来后到的顺序自然排队等着收鱼。可如今，碰上了这个霸道老客，他不动，别人谁也不敢开价装车。

渔把头说："于掌柜，你差啥不装车？"

于洪涛一边啃着鱼肉，一边说："差二分钱的价！"

渔把头一听心里真来气。

本来这鱼价已经够低的了，于洪涛这么一压，就等于整个查干淖尔鱼价都被压下来了，这也对不起别的网。而且，于洪涛在前面这么一挡，其他的老客也没法再等待。这时一个个买鱼的老客放下酒杯酒碗，说："渔把头，对不起，俺们不能等。只好告辞了！"于是，一个个跳下炕，饭也不吃，走了。

只有于洪涛这伙，坐在炕头上幸灾乐祸地喝着小酒，说："怎么样，渔把头，干脆趁早降二分包给我，不然一时半会你也卖不出去，烂在冰上，小股子们也得找你算账！"

渔把头说："掌柜的，世上没你这么办事的，坑我们穷打鱼的算什么能耐？"

可是于洪涛皮笑肉不笑地说："话也不能这么说，谁坑你了？买东西还得有个讨价还价吧？我出个价，你不卖，你还不让我算计算计吗？"

"可你，到多咱是个头？"

"快！快！也就十天半个月的。"

"哈哈哈……"他那帮无赖一个个笑上了。

渔把头一想，也是该着倒霉，让他遇上了，于是心一横，大喊一声："小半拉子！"

"来啦！"这是家住库里的一个小嘎（小孩），由于小，来网上干不了活，他牵一匹马顶半个股工，他在大厨房拉风匣再算半个工，名叫小德子。这小嘎子人虽小，心眼多，大伙看他有出息。

渔把头当着于洪涛的面说："小德子，你别烧火了。明个你带两车鱼上大赉行不行？"

小德子一愣说："我？"

渔把头说："你去。赔了算网上的！挣了算你的……"

于洪涛一见渔把头出这个招，想发怒，但鱼是人家的，他也不好说话。眼瞅着渔把头领着小德子，到冰上就装了两车鱼，又多加了两筐，也不称，就全扣在车上了，说："上路！"

渔把头又对小厨房烧火的说："我们三天不回来，把饭送冰上去！"说完，领着人走了。于洪涛毛了，但还装硬气，喝完酒躺在网房子的大炕上就睡。

再说小德子，已知道把头是和于洪涛这伙损老客治气，心想一定要卖下这批鱼，不然就起不走于洪涛啊。

车来到大赉镇，已经到了晌午了。进了鱼市小德子就喊："新鱼，查干淖尔的新鱼！"话音刚落，有本地的鱼贩子、外地的鱼贩子，还有鱼店的掌柜，就都围上来了，问什么价。

小德子说："你们给什么价？"

大伙到跟前，一看真是当年的头一趟鱼。

有人说："三千。""二千五。""两千九。"

卖鱼的讲究"袖里吞金"。小德子一会儿"打不开"，一会儿"打得开"（同意或不同意），最后，以三千八卖了鱼。这一卖，一下子把市价给要起来了，当地人都知道查干淖尔的鱼肥、肉好。跟车的老板子和掌柜的都挺乐，大伙到杂货铺买了些手巾、肥皂、烟和糖块，简简单单地吃点饭，就往回赶。

快半夜了，车赶回到网卧子。

老板子离老远就喊："把头，这回咱小子可造上了！卖了大价。"

把头说："当初我就有话，小德子卖了鱼，就给他奖赏。这不是几个小钱的事，咱们这口气得出啊……"小德子也乐了。就把带回的烟，一人一盒地分给把头、领网的、跟网的，还有赶马轮的。大伙在冰上欢蹦乱跳时，于洪涛派来"听风"的人急忙奔回网房子，对于洪涛说："大哥，不好了，小德子把鱼都高价卖出去了！"于洪涛一听，傻了。他气呼呼地对大伙说："还愣着干啥！快去网卧子装鱼呀！"

可是，等他们赶到网地，一份份的鱼都卖给别的伙子了，于洪涛一看要赔，就急忙领着他那伙人奔别的网地了。

苏尔丹和狼

嫩江的南岸是镇赉，北岸是黑龙江省的泰来，在嫩江科尔沁草原，一切时序都是跟着江和泡来运转，特别是冬季的冬捕，那是这一带的所有人家、买卖、字号都在算计的日子，

这是因为勤劳的人们只能靠着自然的时日来安顿自己的生活。

有一年，嫩科尔沁草原上的查干淖尔又快到冬捕了，镇赉县麻绳铺

掌柜苏尔丹的铺子里十几名绳匠都被人请走了，这天夜里，突然又有人敲门。

已经睡下的苏尔丹问："谁呀？"

"掌柜的，俺是从查干淖尔来的。"

"啊呀！这么老远……"苏掌柜赶紧下地开门。一看是一个人骑着一匹马，牵着一匹马。

原来，这是查干淖尔网户达吴连甫家的一个小股子，奉命前来请苏掌柜去给打麻绳。苏掌柜有些不信，说："你们东家咋才想起下手哇？"

小股子说："别提了。今年一开始东家本来打算歇一季，可是他有个小舅子从海南回来，据说有一肚子打鱼经验，三撺掇两撺掇，他又干了。于是，非让俺请到你不可。这不，马都备好了。"

恭敬不如从命。人家从吉林到黑龙江来请人，不去太不给面子。当下，苏尔丹把老婆曹桂芳喊起来，布置她看好门市，于是背上打绳工具和查干淖尔来的小股子就上路了。

从镇赉到查干淖尔路程本来不太远，也就200多里地。可是，他俩一过镇赉就走"麻达"（迷路）了，小股子说往左，苏尔丹说往右，两人争执不下，又没有一个过路人可打听。

天渐渐阴起来，飘开了小清雪。北风一刮，刮鼻子刮脸的嘎嘎冷。苏掌柜毕竟比小股子有经验，他瞅瞅前边有个土岗子，好像影影绰绰有几棵树，也不知是不是人家。于是就对小股子说："你在这等着我，千万别动。"

苏尔丹让小股子牵着马，看守着工具，自个找了根树棍往前面的土岗子走去了。

俗话说，平原地带望山跑死马呀，那土岗子看上去近，走起来足足有二里多地。当他登上去一看，哪里有什么村落，原来是一片乱树棵子，雪末子和荒草远远地铺在那里，四野荒芜一片，没有人家的样子……

他准备返回找小股子的时候，突然发现身后十几米远处坐着一只灰黑色的东西。舌头伸在嘴外，两耳立立着，头和身上的长毛在风中飘动着，两眼发出绿荧荧的光亮，一动不动地端详着苏尔丹……

狼，这是北方荒原上的一只恶狼。

苏尔丹知道，北方严冬的狼十分凶狠，就是在大白天，它们甚至都敢大摇大摆地走进人家的院子，去鸡窝里抓小鸡吃，眼下是荒无人迹的荒甸子，它一定更凶恶。苏尔丹突然想起小时候爹曾经告诉他，狼最怕"土堆"。他试探着往后退了两步，狼果然往前走了两步，他停下，它也停下……

于是，苏尔丹明白了，如果不和这恶狼斗智，今晚他是逃不掉了。再说，要退，也得朝着小股子的方向，二里多地远，两个人可以对付它呀。想到这里，他迅速蹲下去，用双手麻利地在雪地上堆起一个雪堆，然后急忙扭转身子，往来的方向转去，鞋都跑掉了也不顾了。

看着苏尔丹移动了，狼立刻站了起来开追。可是来到苏尔丹堆的雪堆前，它犹豫了，不敢贸然越过。恶狼见苏尔丹又要往远去，就急忙用两只前爪扒着雪堆，当它发现里面什么也没有时，这才跨过雪堆向苏尔丹猛追过来。可是，就在这时苏尔丹又埋好了另一个雪堆。就这样，狼扒开一个，苏尔丹又堆一个，每次走不了二三十米，狼就立刻追上来……

苏尔丹也记不清自己堆了多少个雪堆，手和脚已没有一丁点知觉，他还是机械地埋着雪堆……

渐渐的，恶狼离他越来越近。而且，恶狼仿佛已经知道雪堆里并没有什么，扒得也越来越快。又翻过一道土坡，苏尔丹突然听到了查干淖尔小股子喊他的声音。

他乐了，可找到小股子了。可是他已经吓得发不出声音，只是拼命地扒雪，埋雪堆。

小股子又喊："我在这儿呢！"

已经离着小股子和马只有五六十米远了，小股子才看清是恶狼在撺麻绳铺掌柜的。于是，他急忙抄起一根木棍去追打，狼这才远远地逃掉了。小股子走上去扶大叔，谁知一摸，苏尔丹的双手掌从腕处齐刷刷地冻掉下来，苏尔丹却一点也不知道疼，又说："快扶俺起来……"小股子上去一扶，双脚也从脚脖处齐刷刷地掉了下来。从此，麻绳铺掌柜成了秃手瘸子。

查干淖尔娘

冬捕季节过去后的早春，我去看望"关东渔王"——查干淖尔的渔把头，今年已78岁高龄的石宝柱大爷。他告诉我，他的已有98岁的老娘也在。而且，他要告诉我关于"娘"的故事。于是，头一天我就去往查干淖尔渔场西山外屯，住在渔场招待所里，等着石大爷来找我。

早晨四点钟，阳光已金黄一片了，查干淖尔渔村西山外屯一片喧闹。

那种喧闹，来自鸟鸣。各种鸟在黎明的村落树林子里叽叽喳喳地叫，一边叫，一边飞来飞去。渔村的三面都是水，声音很清晰。

偌大的查干淖尔把渔村变成了一个岛。早春的查干淖尔，水里的冰雪已经融化，水平静得如一面镜子。被冰雪围困了一冬的水在早晨阳光的照射下升起了微微的白色的雾气。阳光透过每一根树枝，明亮地洒在早春的村落土地上，让这个早上变得如此平静和普通。村狗从夜里醒来，懒洋洋地在林子和村道上走，不理会人对它的打量。小鸟像"石子"在空中飞快地飞来飞去。渔民石宝柱来了，说好今早上领我去他家。

石宝柱站在阳光下的土道上等我。

他依然抽着纸卷的叶子烟。在如今有各种各样香烟的年代他却专门沿袭着他自己的老习惯——卷纸烟。方寸大的一片小纸儿，从妻子年轻时给缝的青布烟口袋里捏出一捏红红的烟末，按在纸上，一卷，再用唾沫一贴，只有耗子尾巴那么大。但点着一抽，很解馋。

那是一种辣土烟。别说抽，旁边的人偶尔吸进一口，就被呛得咳嗽不止。他也只是抽两三口就到了烟尾巴。他捏着烟尾巴时，我已走出来。我们一起默默地向他家走。我想，查干淖尔渔把头有什么样的故事要告诉我呢？

阳光还是平静地、明亮地照耀着清晨渔村的土道。

他在前，我随后，我们走向水边林间的渔家村落。

他怕我吃惊。于是边走边耐心地说，她老了，浑身有味儿。屋里也有味儿，你别嫌乎，那是一种古老的年代气味儿……

其实我这些年，正是四处寻找那种携带着久远年代气息的人。许多时候，人们总以为历史已经过去了，没什么可以再听到了，其实这是误解。人的许多生动鲜明的记忆其实依然独自地存活在民间，有时是我们自己盲目地忽视了这种存在。这就叫"田野"（社会）活态考察。我正准备去面对我所见到的活态原色。

面对着外屋门，是一个小道。里面是一面小火炕，炕上坐着一个老太太。她独自地坐在那里，正在"洗脸"。

洗脸，本来是应该打来一盆水，蘸湿毛巾，去擦去洗。可她不是打来水，而是用自己的唾沫（口水）用指头蘸着，一下一下地在洗。

已经近100岁的人了，眼睛已完全失明，我们又是悄悄走近她居住的小屋，站在她的炕前，这使她浑然不觉。平时，就是有脚步声靠近，她习以为常地以为那是自己近80岁的儿子和近70岁的儿媳来给她送水或饭，所以并不理会。

她的洗脸，使我想起了农村乡间的猫……

在东北民间，农家的家猫常常站在阳光普照的火炕的炕沿或窗台上，用一只爪子，蘸上自己的口水，然后一下一下地去擦自己的脸。孩子们都知道，这叫"猫洗脸"。猫总是用自己的口水把自己的脸洗得湿湿润润、干干净净，然后前腿一卧，头枕在上面，呼呼地睡去。现在，她也犹如一只猫。她用右手的食指在口中蘸上口水，然后一下一下地洗着自己的脸。

春风起来了。在外面的旷野上呼呼地吹刮，把房盖上的木枝子吹得有节奏地响……

偌大的一铺炕上，就有她一个人，她靠着一面古老的但已刷上白漆的大柜，面朝着从窗子投进来的早晨明亮的阳光旁若无人地在洗脸。唾沫从嘴唇抹出时的细碎声，以及口水抹在脸上时她的头主动上下摆动时，头和袄领摩擦时发出的窸窸窣窣的微声，加上阳光洒在炕上那光柱里透出的灰尘的影动，突然，你会感到，有一种久远的岁月感被眼前的人物叠印着释放出来。

我回头望了一眼正看着我的查干淖尔渔夫石大爷的眼神儿，他也望着我，仿佛在向我解释，或在求我，你别见怪，她老了，她什么都不知道了……

我们的双眼互相盯住对方。而思绪却一下子回到久远而苍凉的往昔岁月，查干淖尔，一种往事正在穿越千年……

刀客

查干淖尔这片荒原，是名副其实的荒原。荒原就有荒草和苇子。这里的苇子叫苇海。东靠近黑龙江的萨尔图，北临兴安岭和呼伦贝尔，以西靠近昭乌达、哲里木和锡林郭勒。那苇子铺天盖地般地长着，仿佛世界上所有的苇子都集中长在这里。于是从前，无论是蒙古族人、锡伯族人、女真族人还是汉族人，大家都靠苇子而活。

苇子在夏季生长旺盛，秋季开始扬起苇花，使苍茫的科尔沁变成白茫茫一片。苇穗扬起苍白的花，从日出的东方一直翻滚至日头平西，最后连夕阳都沉进白色的苇海尽头。这些自然之物本应属于自然，可是一些"苇霸"却早早地将这些东西划为了己有。那里，有无数的"苇霸"星罗棋布般地分布在草原上。在查干淖尔，最大的苇霸叫"小齐国"。

小齐国姓张，叫张殿甲。他从小就听草原上著名的"琴书"艺人白音仓布讲唱"秦吞六国"长篇评书，内中有齐国《曹刿论战》以少胜多的事例，最后他把说书艺人绑在"潮尔"（木琴）上的红布条解下来，绑在他的土枪上，占草为王当了土匪。

土匪都有报号。"小齐国"——当不起"大齐国"，于是就起了个"小齐国"的报号。这种听上去略显谦虚的背后隐隐有一种威逼，他成了这一带出名的"苇霸"。苇霸掌管着草原上几十个村落的"刀户"。

刀户，就是专门割苇子的人家。他们使刀割苇，所以叫刀户。

在茫茫的科尔沁，每当秋风送走了南归的大雁，每当寒风在几夜之间把草原吹黄，万物枯死，苇海便扬花飘絮了。接着，又是几场寒霜，大雪落地，湿地苇原一带便结上了硬硬的冰凌。

湿地冻硬，就到了实实在在的割苇的季节了。

夏秋，那些吸足了水的苇根，此时已冻成了冰棒，它们凝固在苇秆里，正好上苇刀。这时的苇刀，一碰苇秆，那些干透的成苇便会顺势"咔咔"脆响，省刀又省力。

割苇手俗称刀客。

按照常规道理说起来，仿佛挥刀去割就能办到，其实完全不是那么回事。在科尔沁的冬季，虽然草甸上经霜的苇秆已脆生无比，但刀客使刀却有种种讲究。当刀和苇秆相碰的一瞬间，刀客要以肉眼迅速去判断眼前的苇草结冻时辰。如结得早，刀碰苇要用"柔劲"，因为苇秆里的冰正在发胀，硬碰上去，苇管易裂，卖不上好价钱；如果是低洼地，结霜晚，割苇就要快速下刀，以免"连刀"（苇发皮，不易割齐），造成"乱茬"。

乱茬，指刀手技艺不精。苇茬参差不齐被割，使来年春水倒灌入秆管，苇根易烂，不利于第二年苇的成色。

还有，最重要的是割苇的刀客要有"胆"。

胆，就是胆子，或叫胆量……

冬季的查干淖尔草原，那一望无际的苇海里是土匪、强盗、杀人犯、恶棍或被世人追杀的杀手们极佳的天下和藏身之地。他们成帮成伙地藏在这片茫茫的苇海之中，这使"割苇刀客"们头疼。刀客们常常被这些人逮住，或杀掉，或扒皮。在冬季，四野已没有吃食，有时这些割苇人常常被这些人抓来，烤上或煮上吃了。而且，还有"野牲口"也等着吃他们。

在东北平原，冬季的苇塘中最恶狠的牲口就是狼。

科尔沁沙地上苇塘中的狼，在冬季，一只只早已红眼。它们饥饿至极。刀客们来割苇，对于它们，那是送上口来的肉食。狼们很盼着能吃上这一口。

在这里，割苇的刀客面临的往往是九死一生。

还有，就是不遇上土匪、马贼、强盗、恶狼，刀客们往往也会自己被冻死……成群地冻死。

冬季，科尔沁寒冷无比。

无垠的茫茫荒野，没有人烟。老烟炮雪一起，转眼间把天地搅得灰蒙蒙一片。北风如鬼一样，日夜在远方号叫。

割苇都是在远方，必须远离村屯，没有人烟。

刀客们往往是带上十天半月的干粮，开进苍茫荒凉的野地，一住就是几十天，根本回不起家。来回走，一是耽误活计，二是也累牛马和损车轴，所以只有住雪野。

那种住，就是在苇野里挖雪屋子，搭雪帐子，可是寒冷却无法抵挡。往往一冬天，就有无数伙割苇的刀客被冻死在野外。

冻死的刀客，一个个怀里抱着苇刀，坐在一起，脸上好像在笑。

那是凝固的笑，十分恐怖。把脸上的皱纹都冻硬了，皱纹缝里还留着尘土和残雪。

直到第二年的早春或初夏，一些去草地或苇塘里放牛或捡野鸭蛋的人，才会发现一堆堆的死尸。他们有的已被饿狼们啃得只剩下一副副骨头架子。

后来，这些白骨便一点点沉进湿地里面去了。若干年后，人们会从那沙尘吹刮的尘土里发现一块块生了红锈的铁刀片。人们便知，这是从前冻死的或被恶狼们咬死的割苇的刀客们的遗物。

小齐国拥有20屯子刀户，200多个健壮的刀客，而他最得力的一个刀户叫唐矬子。唐矬子，本名唐万久，是光绪初年由山东莱芜闯关东来科尔沁租蒙古王爷"草荒"的地户，由于好耍钱，不久便把种荒的地租输个一干二净，于是沦为小齐国的刀户。刀户，其实都不如一个乞丐。他不但要在严寒的冬季去割苇，而且还没有自由。唐矬子有两个姑娘和三个儿子。唐矬子人长得敦实，但屋里的漂亮，两个姑娘因此生得跟天仙似的，不久大姑娘就被小齐国看上，抓去当了小。

那时节，小齐国已降到了大安的驻军陈麻子部。陈麻子在北方这一带说一不二。天下兵荒马乱，谁都得互相维护。有一次，陈麻子的大老婆趁换防时把唐矬子的大女儿"聘"给了家住套保（今白城东南）一带的一个大户人家。小齐国回来一听说"小"没了，刚想发火，又一想，唐矬子还有一个女儿，就直奔唐矬子家，说要继续讨媳妇。

别人很明白小齐国的打算，他是奔唐矬子的小姑娘去了。

别人就劝，你别闹了，人家刀客唐矬子的二丫头唐丫都许人了。

许人？许谁了？谁敢娶她？小齐国大喊大叫，我非"插了"（杀了）他不可。

他叫嚣是对的。因为在这一带，在查干淖尔以南的安广、大安、黄龙府、王爷庙和哈达山一带，提起小齐国，谁不哆嗦？自从陈麻子部开赴葛根庙战争前线，这一带的人提起他来更哆嗦。

唐丫的爹唐矬子也更怕。

他是人家的地户，只能给人家种地、打鱼、割苇。现在，自己的大丫头跑了，人家理所当然地要娶二丫头，这仿佛也是理所当然的事情。可是唐丫不干，她不想嫁给一个土匪。

唐丫，一个如花似玉的女儿，她每天以泪洗面，对天哭号，谁要我？谁要我？谁领我走吧……

可是，谁敢娶她、要她？

爷爷

科尔沁的风雪，吹刮上千年了。大地上的荒草，一年年的青了又黄，黄了又青，南飞北去的大雁，一岁岁从头顶上过去，叫声远了又近，近了又远，光阴就这样一岁岁消逝着。

我和渔夫都沉默着，不敢打扰老太太。

她依然默默地坐在炕上，默默地用唾沫洗脸。

她把手指头蘸上自己的唾沫，一会儿洗洗眼泡儿，一会儿洗洗鼻翼，一会儿洗洗脑门儿……

四周没有一丝声息。春风刮了一会儿，又平息下来，四野静极了。这是极静的北方渔村的清晨。

从咸丰和道光年起，石宝柱的爷爷石海就从科尔沁王爷手里"领"来了大片的"荒"转手租给从中原闯关东而来的地户。这也是当年许多东北人的活法。许多人劝过他，那些地户一个个的虽然在山东是农民，但到达东北特别是科尔沁草原荒地，他们不一定会种地，你要小心转租给他们。可是谁劝说他，他都和别人发火："这都是屯邻，都是山东家的乡亲，我能看着他们挨饿没活干、没地种？"他满身是理。

他有四个儿子，他租种了先期来到科尔沁的老白家大地户（地主）白妞子的荒，让四个儿子轮流种地，他每天叼个大烟袋，四处奔走，专门"救济"穷人。

这一年，从中原来了一个地户，说是山东齐家府石家屯的老乡邻、老表亲袁大哥，找到了石海。石海领袁大哥找到白妞子，想说合着给片荒地租种。白妞子说："保人呢？"爷爷说："俺就是保人。"于是，他替人家老袁家在租据上按上了手印。

那时，石海的四个儿子渐渐长大了，石宝柱的父亲石殿文是老大。他对父亲说："爹，这事可有点使不得。万一不收成，咱们拿啥抵人家白妞子家的租？"石海说："你们少管闲事，我来管，我来顶。"一句话，把儿子们顶了个倒仰。可是，事情真让儿子们说着了。

那年春起，老袁家把地种完了，开始青苗长得还不错。老袁家对爷爷千恩万谢的。

可是接下来，风不调雨不顺了。

一夏天，科尔沁草原突然大雨不停，到秋白亮亮的大水把庄稼冲了个颗粒不收。老袁家人一看，根本缴不上租子，于是在一个月黑风高的夜晚，人家套上车跑了。

秋天，大水一住，白妞子家的人就背着枪收租子来了。

人家拿出按了"保人"手印的地契，你不给？

奶奶秦氏，是个刚强的老太太。她一急就码着北荒的车辙追到了黑龙江望奎牛家坎子，找到了老袁家。可袁家一家老小都给奶奶跪下了。人的一辈子，不怕恶，往往怕软，奶奶心软了。是啊，你打死他们也还不上租啊。没招，奶奶回来了。到家一说，爷爷当晚吃了一顿好的，就见他从大柜里找出一身好的穿巴上，又找了一根麻绳子，第二天就到了白妞子家。他把情况一说，顺兜掏出麻绳就搭在白家门外的一棵歪脖子树上了。

白家说："你要干啥？"

他说："上吊，不就是一死吗。"

白家转过脸去。

爷爷把脖子钻进套里，挂上了。

他以为他一死，就能完事。可人家白妞子家依然不依不饶。

爷爷一死，奶奶主家，她只好把四个儿子分着去给白家扛活还债。当年，石殿文才20岁，就一头扎进白妞子家的四十家子荒地去给人家扛活。他知道，他还的是父辈的债。可从那开始，一种刚强的性子留下来了。

当年，二十四家子正挨着大安，这儿正是小齐国降的围子，又是唐犟子管辖下的刀客之屯。这一年家家都传着小齐国要强娶唐丫之事。

唐丫哭哇、喊哪，可是没有法子。人人都传说，不久，小齐国就要来"娶"唐丫了。

这一天，在白妞子家扛活的石殿文上大安给东家买马，他路过唐犟子家房后，听院里有哭声，他就打听谁在哭。

路人说："是一个丫头。不久就会被土匪领走。"

村人说："完了。挺好一个人，要完了……"

他说："咋能完呢？嫁给别人不就完事了吗。"

别人说："你说得好听。嫁给谁？谁敢要？谁敢娶？"

他说："要是有人敢要呢？"

别人说："那就得和小齐国对命。"

石殿文二话没说，他把马送回白家，返身就回到大安老唐家。他对正哭的唐丫说："你别哭了。你告诉小齐国，你已经许人了。"唐丫不相信自己的耳朵。说道："许给谁？"他说："许给俺了。"

当晚，他就领着唐丫走了。上哪儿？

上生他养他的查干淖尔。那儿水大、水多，够吃够喝。

从大安的四十家子往北就是茫茫的查干淖尔。

那时，这一带荒无人烟，只有一些开荒的、打鱼的。多年走南闯北，有许多人是石殿文的哥们。他告诉大伙，先不要告诉唐丫他是谁。人们把他和唐丫藏在查干淖尔那荒凉的网窝棚里。

石殿文说："你不要害怕。"

唐丫说："有你，俺不怕。"

为了防止小齐国的追兵，他们整日地躲在查干淖尔深深的苇地里。石殿文自个出去给唐丫弄饭、端水。唐丫舍不得吃，舍不得喝。她心疼男人。有一回，男人给她煮了一个咸鸭蛋，她一顿饭用席蔑棍儿抠一块就饭，二月二煮的，直到端午节才露出蛋黄来。为了怕男人累，她常常舍不得花一文钱，一个人靠在屋里度日。但是，石殿文胆子大，他发誓要对唐丫明媒正娶，他要告诉小齐国，他是唐丫的男人。

父亲

查干淖尔，有渔夫的深层的记忆和人们从未听说过的事情。

石殿文的一番话，让唐丫双眼闪出强烈的求生欲望和感激，她拼命地打量眼前冒出来的这个人……

石殿文说："我家可是穷掉了底。"

唐丫说："我只相中你这个人。"

石殿文说："当媳妇那天，我家拿不出描金柜。"

唐丫说："编个草囤子，一样装东西儿。"

石殿文说："当媳妇那天，我家没有花被子。"

唐丫说："我情愿盖张小狗皮儿。"

石殿文说："当媳妇那天，我家没有鹅毛褥。"

唐丫说："我情愿铺查干淖尔苇子席儿。"

石殿文说："当媳妇那天，我家出不起鸳鸯枕。"

唐丫说："你就给我找个木头橛儿。"

石殿文说："当媳妇那天你没有花轿坐。"

唐丫说："双脚走到查干淖尔，一样去成婚。"

石殿文说："我家请不起喇叭匠。"

唐丫说："找俩小孩吹吹柳树皮儿。"

石殿文说："我家可没有锣开道。"

唐丫说："找俩人敲敲破铜盆儿。"

石殿文说："我家可离你家挺远哪！"

唐丫说："那我就骑俺家小黑驴。"

唐矬子说："小黑驴我还留着推碾子拉磨呢！"

唐丫说："那我就起个大早再贪个黑儿。"

……

消息，一下子传到小齐国耳朵里。他吃了一惊。是谁这么胆肥？敢和他争艳夺美？可细一打听，这才知道这石家可也不是一个好惹的户，老石头为了地户竟然用上吊去帮别人还债，老太太领着四个儿子过日子，在查干淖尔一带一提起来，也是一个让人刮目相看的人家。小齐国想，天下女人多的是，别和他斗这个气了。但他又不甘心，决定再去试试唐丫。

听说小齐国要找唐丫讨"口供"，石殿文于第二天就领唐丫回到四十家子，用板凳绑成一个花轿，他当着众人的面把唐丫娶回了家。

后来，小齐国也终于见了唐丫的面。唐丫告诉小齐国，自己已是石家的人了。小齐国无奈，只好走了。但是，心里还是记下了这个仇。从此，南北二屯都传老石家的老大胆子大。唐丫，就是石宝柱的母亲。

我

小齐国的马队时不时地路过白妞子屯。他常常放言，我要让唐丫和老石头"沉桥"（死）。

唐丫说："老石，领我走！"

"上哪？"

"过塔虎城，还是回咱们的查干淖尔吧。那边不是小齐国的地界。鱼多，日子好过！"

于是，在一个月黑风高的夜晚，父亲领着母亲，辗转又回到了茫茫的查干淖尔。那年，石宝柱1岁。自己的娘唐丫用小被紧紧裹着爱子，在打鱼人废弃的一间网房子里住下。科尔沁的草甸，江河湖泊一处连一处，网房子都搭在靠近水边的高地处，周边往往是一望无际的蒿草和芦苇，石把头记得最清楚的是狼嚎蚊子叮，还有匪和兵……

白天，爹和娘出去种地打鱼，炕上扔下他和一条黄狗。临出门，唐丫总是对狗说，黄啊黄，好生守着小宝柱，可不行让狼咬蚊伤。可是，说是说，爹娘前脚一出门，狼和蚊虫立刻来了。它们知道炕上的小孩嫩肉好吃。

科尔沁的蚊子，夜里成百上千地裹在野草和苇秆上歇息。早上，当阳光照得草甸上湿湿的露水一蒸发，它们便四外觅食了。草原上的牛马常常被它们咬得在地上疯奔，有时牲口们被叮咬得不得不跳进水里去躲，住户人家只好靠屋子来防它。临出门前，唐丫点燃三盘"火绳"（一种以艾草编的草捻，俗名草蚊香，点燃以驱蚊），把孩子摆在三盘蚊香之间睡。黄狗来回观察，如果哪盘蚊香不燃了，它便叼起那盘燃的对着那盘不燃的对着。辛苦了黄狗。

而且，黄狗为了看守小宝柱，还用尾巴不停地去哄赶蚊虫，可小宝柱还是时不时地被偷袭的蚊子咬上一口，于是小宝柱就委屈地哭。这时，黄狗便会冲他生气地叫："汪——汪汪——"

那意思再明白不过了。"你还有啥委屈呀？你还不愿意呀？不是俺不尽力，是蚊子太多。你忍着点得了！"

宝柱也就明白了，不再哭了。

黄狗还是走上来，用舌头舔去孩子眼角的泪珠。

为了怕孩子饿，唐丫临出门都用猪肠子给小宝灌上两袋奶水，挂在房梁上，并嘱咐黄狗定时给孩子吃奶。吃奶时，黄狗会从房梁上摘下奶袋，一角冲着小宝柱的嘴，让孩子自己去吮。可有时，小宝柱没吃饱，又哭，黄狗便又"汪——汪汪——"地叫上了，意思是："你美呀？就这些。那袋奶，是下一个时段的。"于是，宝柱也就明白了，不哭了。黄狗这才把空奶袋叼走，重新挂在奶钩上留明天使用。

科尔沁的狼根本不在乎人的存在。为了提防狼袭击人和家禽，鸡窝和猪圈都搭在屋里，只不过是在外屋，是在靠近灶坑的对面。对这样的格局，狼们十分清楚。每天，当爹和娘一出门，狼便会定时走到院子里来。它们坐在院当中，想着下手的时机。

当黄狗处理火绳或给小宝柱哄蚊子或喂奶时，狼开始对鸡们下手了。

狼先伸出前爪从门或窗格中到鸡窝里，抽冷子把鸡拎出去，当鸡们一叫，狼已坐在院子里撕扯鸡毛吃肉了。黄狗忙不过来，这时往往又出去保鸡撵狼。它常常被狼群咬得遍体鳞伤……就在宝柱8岁那年，他家老实的忠心耿耿的黄狗，终于积劳成疾，死了。黄狗的坟就埋在嫩江岸旁的江通里。

鱼

从10岁起，石宝柱就和爹去下梁子捕鱼。

梁子，又叫"亮子"，是东北平原上一种常规的捕鱼阵式。梁子有多种，千奇百怪，可根据不同的时辰、不同的水域、不同的季节、不同的鱼去下不同的梁子。但守梁子，却往往是在夜里。

夜，嫩江平原和科尔沁草甸江河的夜是鱼和鱼群十分活跃的时候，大量的鱼类，都是在夜间出来。它们穿过层层水域，奔往该去产卵或交配的地方。夜里，这一带是喧闹的江河……

从长白山发源的松花江流到吉林西部的科尔沁草甸一带，江水开始变得宽阔起来了。发源于内蒙古伊呼里山的嫩江在这一带与松花江汇合称为三江口，又叫"北三江口"。这儿大批的河、江交汇分支，许多鱼遍布在这些水域里，而最出名的就是鲟。鲟，又叫黑龙江鲟、鳇鱼或牛鱼、麻特哈鱼、淫鱼等许多名字。它们个大，往往成群从乌苏里江以北的鄂霍次克海游到松花江上游一带产卵，然后再洄游到海洋，沿途常被这一带的渔民捕获。它们上来的季节大约在早春五至六月的时段，渔人们非常熟悉它们到来的规律。在科尔沁一带，人越是以一种平和的心走进自然，越会发现诸多的奥秘。本来如石殿文和唐丫一家，人越是为了躲避世乱而走进自然深处，许许多多的神秘也越会走近你。爹领着儿子一点点的对水和水中的"物"更加地渴望起来了。

这一带的人，多少代了，一直盯着水，希望从水中去发现什么。发现什么呢？也许只是梦想。守梁子的那些夜晚，是一些可怕的寂寞的夜晚。蚊虫在叮咬，蛇在夜色的草和水中蠕动……

荒江的夜风闷热而潮湿。这时的人，多希望有一点动静啊。哪怕是一颗雨滴落下，哪怕是一只蛤蟆从江边的草丛中跃出又一头扎进江中。

漆黑的夜，犹如墨一般。要下雨了。闪，在遥远的天边，一亮一亮的，听不见雷的滚动，民间俗称天边的那种闪为"假闪"。

突然，"哗啦"一声，水里站起个黑影。

那黑影立着起来，看不清脸。像一个人，猫着腰。它带起的浑浊的江水从它的头上流下。淌水的声音格外清晰，而且仿佛还发出一声叹息。

渔村人家的狗在挺远的地方叫了。黎明前，这一带的一些渔民往往提早出去查挂子。狗叫的钟点正是天亮前大毛星开始升上中天的时候。四野总是一片黑暗。可是今天，天阴得不见大毛星的一点影子。

"它，来了……"爹小声伏在儿子耳边说。

"谁？"儿子问。

爹说："鱼……"

在吉林西部的松花江流域，在古老的科尔沁，夜里其实人不敢打量水，说水里有鬼。一个打鱼的人说的，每当夜里他蹲梁子都会来一个人和他唠嗑。后来，这人告诉渔夫，他是个淹死鬼。本来想来找替身的，可打鱼人心眼好，几次三番地放走了替身，于是他只好自己再回到水里去了。这一带，连鬼的故事也非常温情。

江边的人在黑夜里既怕寂静又怕水里的动静。因为人已分辨不出黑夜中的水里是什么来了。但越害怕，往往越传来声音，而且还带着喘息和叹息。

什么东西在叹息呢？爹和儿子都听得清清楚楚的。

那是一种粗粗的叹息，很慢、很长。仿佛一个极疲劳的人从遥远的地方奔波而来，他是累坏了。那叹息声仿佛贴着水面飘荡过来，一下接一下。喘一下，中间停一下，接着是淌水声。好像水面上有一个地方塌陷下去，水顺着这个漏点淌下去，淌进深深的河底地心，甚至还有清晰的哗哗的水流的回声，接着又是一声叹息。

江风，带过来那喘息的气息，是一股冰凉的略带着江底泥沙和土的浓浓的呛人的气味，风刮得江边的水草向岸上一边倾斜着。

随着那股气息的浓烈，敢于和胡匪争夺唐丫的父亲也颤抖了。这是他紧紧攥住儿子的手时儿子充分感觉出来的。此时，江岸的草棵急速地晃动起来……

爹说："快走——"

他拉起宝柱就跑。可是，只觉着江里冲起的热气奔他而来。他紧紧地把儿子抱起来，贴在前胸处时，突然，觉着左屁股像被万只钢叉插入般的疼痛，他"哎呀"地苦叫了一声，就身不由己地滑倒在江水里了……

在他朦朦胧胧的一瞬间，他看见儿子突然挣脱了他的怀抱，儿子顺手抄起爹掉在地上的鱼叉，一抢，"唔"的一声，宝柱手中的鱼叉和他死死提在手里的灯笼一齐向水草中的黑影飞去……

江上烧得一片火红，那黑影"扑通"一声落入水里去了。

偌大的水面上，灯笼的纸火渐渐地燃尽，江面上又恢复一片肃静和黑暗，宝柱扶着受伤的爹赶回了窝棚……

后来爹告诉他，这是查干淖尔最为凶猛的鱼——鳡条。这种鱼在产卵前后可吃人，咬死动物，那种立起身子和仿佛在叹息时是它最危险的时候。宝柱从小就记住了和爹守梁子的那些恐惧的夜晚，也使他从那时开始便具备了一个查干淖尔渔夫的能耐。

走江得妻

13岁，石宝柱已开始独立走江。

查干淖尔一带的江河湖泊是锤炼人胆子的地方。漫长夏季蚊虫的叮咬，渔人们身上烂了一层一层的皮。他采些草药涂在身上。在妙音寺后面的山坡上，一种叫"老鸹眼"的植物开着蓝色的小花，他把它们采来，上锅去蒸，然后在碗里捣碎，涂在那一片片的虫咬的红包上，于是红包消了，烂处结上一层硬壳。

小齐国的队伍在大安一带越闯越大，他不断地扬言一定要"领"回唐丫。那时候，母亲石唐氏又非常害怕，加上父亲被鱼咬伤，石宝柱就劝父母领着哥哥先再往北走一走，上大兴安岭，上加格达奇，而他要固守查干淖尔。他在心底暗暗想，要会一会小齐国。石宝柱15岁那年，科尔沁发生了一场大旱，老天从春起到阴历五月二十三没掉一滴雨，草原草都让"老爷"（太阳）烤着了。庄稼颗粒不收，这使得石宝柱打上的鱼就卖上了高价……

一天，他挑着鱼赶到了三江口老镇。只见三江口街上到处是乞丐。有一伙花子（乞丐）正围住一个大车店讨要呢。那家大车店的掌柜也死心眼，说啥也不肯施舍，花子就摆开了"讨要阵"。

这讨要阵有讲究。先是"骂阵"。骂阵主要是选那些口头利索的花子，手打"哈拉巴"（一种猪骨，讨要工具），边打边骂。说什么："你不给，我就要，要到天黑日头落（lào），看是你靠还是我靠！"

一看"骂阵"不行，就上"劈头阵"。劈头阵是一些不奸不傻的家伙们，但一个个的敢于"玩命"。他们手握一把大砍刀，或手攥一块大石头，当着讨要人的面，"咣咣"往自己头上猛砸猛砍，转眼间，这些人一个个的血肉横飞倒在你面前。

一看"劈头阵"不行，就开始了"哭丧阵"。

哭丧阵，往往都是一些女子，俗名叫"吃米的"。她们一个个的有拐有瞎，当时戴上孝，就在人家门前大哭大号，俗称"报丧"……

"我的天哪！你死了吧！""快咽气吧。死去吧！"

这是最"狠"的一招。一般人家受不了。

当哭丧阵开始前，花子头往往手使一根黑杆的皮鞭子，一挥，一帮"吃米的"蜂拥而上，"我的天呀——"她们往往齐声开哭并报丧。

这时，吃米的女人阵里突然乱了。只见一个女子不肯去哭，冲出众人群便跑，花子头挥鞭追过去就打，街上立刻乱成一团。大车店的掌柜的再也架不住这种阵势，立刻开门放人，并让花子们用车装粮。花子头"大筐"赶过去忙这些事。宝柱趁乱，拉住这个被"大筐"打翻在地的女花子撒腿就跑开了。这人叫刘琴，日后成了宝柱的媳妇。

渔户

种地老天不一定风调雨顺，打鱼却可以保住温饱。因为在查干淖尔，往往天无绝人之路。母亲唐丫是逃出土匪小齐国手掌的女人，妻子刘琴是逃出丐帮花子头皮鞭下的女人，查干淖尔却敞开胸怀收留了如她们这样的命运悲苦的女人，从此她们成了这里的渔户。

渔户，在这一带，就是四季弄鱼的人家。

从15岁起，石宝柱就娶妻成家，在查干淖尔正式开启了他的捕鱼生涯。在这一带，最出名的就属鳇鱼了。这一带有个屯子叫锡伯屯，是从前专门为朝廷捕鳇鱼的部落，石宝柱常去锡伯屯，找到了一个锡伯族老头，从前专门是"哄鱼"的能手。

鳇鱼，全靠"哄"。

夏季，当打鱼人发现了江里有了鳇鱼的踪影时，立刻派人"跟踪"。跟踪鳇鱼，只追不打。不能碰它，不能伤它。要靠"哄"它。哄它，是使它跟着人游进沿江沿汊修好的"圈"（juàn）里，等养到冬天，再捞出来，绑上送往北京。

打鱼人可吃任何鱼，但不能吃鳇鱼。鳇鱼只能送给皇上。但鳇鱼很娇贵，特别是它的鼻子，是脆骨，碰破一点，它便会死。所以，引它进圈，全靠"哄"。

哄鱼人是清朝时打牲乌拉总管衙门特意从打牲丁中挑选出来的有一种绝活的人，称为"哄鱼人"。

那时，江里一旦发现了鳇鱼，立刻使人跟踪，换人不换船，日夜跟着它，同时立刻带来哄鱼人盯上它。

哄鱼人有这样一些绝招。

一是他要有好眼神。一旦被告知某某江汊里上来了鳇鱼，就由他跟踪并去哄，如果跟丢了或哄不来，就犯了杀头之罪。

清道光二十年（1840），有孙家窝棚的哄鱼人孙大跟头跟丢了二头大鲟鳇，弄得当家人被斩，全家发配宁古塔。哄鱼人的头一道本事是能从清水和浑水中分辨鳇鱼的个头、性别、尺寸，以便根据不同情况去实施引诱入圈。

二是他要有抛笼头的手艺。哄鱼人的主要目的，是给鱼戴上"笼头"，以便牵它入圈。但这种戴，不像牛马，它不听话，你可以打它，或硬拉头给它上套，鳇鱼不行。要一点点逗它，再趁它不注意时，一下子给它戴上笼头，还不能让笼头碰伤鱼的鼻子和嘴⋯⋯

三是哄鱼人要会编笼头。笼头不是用麻绳编织的，而是用长白山里的独特树种黄菠萝的树皮里层去编织的。

这种树皮，要趁鲜采来，上锅蒸后，编成一种"活扣"的笼头。给鳇鱼戴上，既要保证能套住，又不伤它才行。

第四个绝活，就是会抛这种笼头。哄鱼人在江上跟踪鳇鱼时，要能掐会算。要等鳇鱼在固定的地方伸出江面换气时，顺势抛起笼头，不偏不倚地套上才行。

这些手艺，非常讲究。而石宝柱，就日夜住在老孙头家，听他讲关于哄鳇鱼的事。于是在这一带，一点点的，石宝柱就成了一个名副其实的老渔把头了。什么鱼，只要他一打眼，便可以叫出名来。

在这一带的江河湖泊之中，主要的鱼类有胖头、银鲴、马口、雅罗、红鲌、哲罗、细鳞、翘嘴红、狗鱼、鳤条、泥鳅、池沼、虹鳟、鳜、青鳞子、草根、青鱼、黄颡、鲤子、鲇子、团头鲂、乌苏里鱼、乌鳢、爪鲵、鲈塘等。在查干淖尔，只要提起像样的渔户，人们便会异口同声地说就是石宝柱。

无论是夏天行船、秋天下梁子，还是冬天凿冰眼捕鱼，石宝柱把所有捕鱼手艺烂记于心。他下了狠心，这辈子不离查干淖尔，因为这儿有爷爷的故事，有娘唐丫的故事，也有他自己的故事。

千年的走向

"坐在车上，冻脚就用皮袄裹裹……"

娘总是一遍又一遍地嘱咐上冰的儿子。可是，她怎么就不知道，皮袄只能盖住腰身……

母亲唐丫还在用唾沫洗脸。蘸着唾沫的指头伸进白发覆盖的额头上，一下一下地搓抹着。眼角边的皱纹暂时都舒展开了，她眯着本来早已失明的眼睛仿佛在看着人们，其实根本没有……

查干淖尔风雪在这个女人的心中吹刮千百年了。

千百年的岁月，可以是一个时光的尽头，查干淖尔渔把头石宝柱娘的命就占去了十分之一。别看她不言声不言语，只用唾沫在悄悄地洗脸，那是她的思绪已走入一个深深的领域。当年，为了躲避小齐国的追杀，她和家人逃往加格达奇，后来儿子终于在查干淖尔站住脚。成立渔业合作社人手不够找到石宝柱，他说那得让我妈和我兄弟们都回来，这个命运多舛的女人这才又走回这块让她无法忘却的又深深恐惧的地方。她告诉儿子，要好好打量打量这个地方。

她不知道，她眼前的这片大水从前叫"大水泊"，是地壳沉降区使它成为一大块沉降盆地，是四周的河水渐渐奔流切割汇成了这样一个地方；她不知道历史上什么辽王朝契丹帝行营于此举行一种叫"捺钵"的活动来祭湖；她也不知道什么嘉靖二十六年（1547）科尔沁13部东迁，乌巴什率郭尔罗斯部占据此地，把大水泊正式命名为拜布尔察罕大泊，她只知道丈夫、儿子和鱼。其他别的，她不用知道。

深秋初冬，她知道丈夫和儿子们要起早出发去甸子上割苇子。当天还黑着，她就爬起来，给出发去草甸上的人们蒸鸡蛋酱。查干淖尔的人对大酱亲，渔夫一年也离不了这一缸酱。往往是一大碗酱只打一两个鸡蛋，叫鸡蛋酱。这种鸡蛋酱里根本看不到鸡蛋的白丝。鸡蛋还要换钱给小孩子们买书本和把一个个幼小的生命养大。然后是用纱布子包好一捆子煎饼和大饼子，还有大葱和咸菜疙瘩，这就是打苇渔民最好的吃食。

适应季节的秋风一起，查干淖尔就荒凉起来了。各种野草野花在一夜间就枯黄了。东北的寒霜来得非常迅速。割苇的人常常夜里套车趁早出发，不然太阳一出来夜里结的寒霜在早上太阳的照射下就渐渐变成寒露，树叶和草叶上都是寒冷的水层。这时的露水最使人和牲口受病……

在黑暗中，娘总是细心地听着儿子和丈夫在院子里套车的声音，她往往会对着其实什么也看不见的动静喊："柱啊，打好腿布子。柱啊，千万别着凉。"儿子长多大她都这么叫。

儿子赶快回答："啊啊。"

"吃酱时搅搅。别吃冰碴子……"

"啊啊。"

她往往总以为儿子没听清，又叮咛："听见了吗……"

直到儿子回答几个"啊啊"的连声，她才不问了。

割苇的季节正是北方严寒持续的季节。天越来越冷，白天和夜里结的霜再也不化。冬天，就这样来到了查干淖尔。

割回的苇，主要是为编织渔具。投苇（投选）和编织都是在极度寒冷的但往往是太阳普照的晌午进行。苇管里带着的冰碴一冬天也不化。风吹来冻肉冻脸。夜里在月亮底下编渔具、干活是常事。夜里天上的星星和月亮分外明亮。仿佛它们也被冻得更加晶莹。而且，它们越亮仿佛天儿越冷。

儿子们编渔具的手，都被北方的寒冷冻裂了。娘在儿子进屋时，往往上去拉住，摸一摸骨肉的手，娘就心疼。

娘偷偷地掉泪。

她怕这双裂了口的手沾水疼，从此她不让儿子给她端水洗脸，她宁可自己偷偷地用唾沫蘸上去洗脸……

从此，这个习俗在查干淖尔女人的生存历程中形成了。

许多人叫她查干淖尔娘。

查干淖尔有一片大水，可是查干淖尔娘却舍不得用这水……

东北的冬天

北方寒冷的冬夜，四野寂静无比，寒风呼呼吹刮。

突然，有村狗在远方咬起来。接着传来"啪啪"的响声。那是东北嫩科尔沁草原上的查干淖尔渔夫们为即将上冰的马打"马壳"了。

马壳，又叫"蹄壳"。冬季北方的马，由于户外严寒，马的蹄壳潮湿，夜间马的脚底会冻成冰雪疙瘩，这被称为蹄壳。不敲掉它，马拖爬犁或大车在冰上拉渔网走不稳……

"啪啪"的敲打马蹄壳的声响一起，这时天上的大毛星已升上中天了。

这是北方最寒冷的时辰。响动就是信号。"啪啪"的响声，引得各家的狗开始狂叫，各家的女人早早地点上灯笼，给男人烧水烫酒。转眼间他们已挥鞭赶起大车或爬犁出了屯子了。

黑夜依然在继续，行走全凭感觉。马蹄敲打着茫茫的雪野，车轮碾压着亿年的坚冰，他们奔向那遥远的仿佛没有尽头的远方……

岁月可将一切所谓文明的东西保留下来，比如追求。人类的生命其实从生到死都是在追求着一种生存的目标，而记录这种记忆的却往往是那些仿佛使人司空见惯的程序。在地球的北方，查干淖尔仿佛就是考验为了人们如何对付冰雪而生的，而娘只注意儿子。儿子起来敲"马壳"时，娘总是提着马灯站在一旁，照亮木棒子，别打偏了……

最后，她看着儿子赶着马车出了院子，她才返身往回去。

北方的冰雪，亿万年来，以它独特的存在与生活在这里的人结成生死与共的伙伴，它与人不弃不离。

是查干淖尔独特的环境使人类发明了生存的工具，渔具、梁子、马轮、大车和爬犁……

查干淖尔的自然被人刻录在行为上了。

打冬网，早起上网地（冰地），要穿越茫茫而寒冷的科尔沁雪原。冬季，那是寒风和冰雪交织的一块自然层。冷，是这里的本能。

当太阳还没有出来之前，这里的寒冷是亘古保留下来的资产。

那种冷，已使人不会说话。人身上的所有骨节都可能随时停滞或凝固。在屋子里的仅存的那一点点热气，只需瞬间便被北方的严寒收走。人身上的衣服，只会变成一种感觉，像一层冰冷的硬壳紧紧地贴在人骨肉上。人简直不敢去碰它，又不得不去碰它。

这时，人掌握了御寒法。这是查干淖尔的"遗产"。

往远处出发，人要坐上大车或爬犁。

坐上去，是为着尽快赶往网地，不然人们宁可跑步去。

但这是生存的矛盾。

跑，固然能使人发汗，人会在寒冷中解脱。可是，热汗只是瞬间存在的事。因为用不了多一会儿，热汗便会变成薄冰一样的冷气，让人更加难忍。但不跑，又冻得实在不行。于是，查干淖尔渔夫学会了"跟跑法"。

跟跑，是指人要学马的步法和样子。

那马，指一匹匹拴在拉渔夫和网具的大车后的马，那往往是"备马"，以备到冰上拖拉马轮而用。所以，让它跟跑，节省一下它的体力。那时，跟跑的马每每放开轻松的步子，仿佛悠闲地在雪地上奔跑。四蹄悠然甩动，节奏也得体而放松……

冬季上网地，渔夫们就跟马学走这种步子。

马走着，人走着。这样，便把一种人类生存的遗产自然地传递下来了。

这是查干淖尔人的发明。但不能和马那样持久地跑。

跑一会儿，当刚刚感觉到身上要出汗时，要立刻跳上车或上爬犁，使汗不至于出来。

而更重要的是，渔夫在保证不冻死、冻坏的情况下，也要注意保存体力。把足够的体力留着在冰上打鱼时使用。

风雪，在空旷的查干淖尔冰原上起劲吹刮。

这种时候，人的皮肤要躲开寒风的劲头。

寒风的劲头在严寒的冬日，往往都是来自西北。西北，就是寒冷的西伯利亚方位……

东北寒冷的一切严寒之源，往往都来自西伯利亚。这是因为，空旷的西伯利亚正是寒冷的发源地，还因为那奇特的贝加尔湖集中凝聚了北冰洋、库页岛、鄂霍次克海以及蒙古高原的寒冷直接作用于科尔沁草原上的查干淖尔。

整个冬季，北方被西伯利亚严寒紧紧地包围着，气候异常严酷，但这是人类生存在自然之中的独一无二的景致。秋天流动的江河湖泊在严寒的驱动下渐渐地结成厚厚的冰层，冰水日夜涌动，把那些冰壳推向岸旁，岸上、草梗上都挂上厚重而巨大的冰凌，贝加尔湖已完全封冻了。那巨大的冰盖扣在这片奇异的水域上，非常结实，这里将有100多天时间再也不融化了。接着，西伯利亚肆虐的寒风就吹刮开了。

库尔图克，这是贝加尔湖南端的一个地名，是常刮的一种风的名字。库尔图克，是刺骨的寒风夹着纷飞的雪粒子那种风。它从冰层上卷起，然后展开自己的身影，在贝加尔湖的毫无遮挡的雪野上奔驰，吹向远方，形成存在于北方的著名的西伯利亚寒流，日夜席卷着包括呼伦贝尔和科尔沁等在内的平原冰野。人们常说，库尔图克是使人的眼泪还没有淌下就已结成了冰疙瘩的冬风。

在科尔沁狂暴施展的寒冷之源就是古老的贝加尔湖。它，是世界上最深的湖泊，蓄水量超过美洲五大湖的总和，大约有300多条河流入湖中，但唯有安加拉河这一条河流出，最终汇入远在北方的北冰洋。由于地壳构造的不断运动，贝加尔湖底每年都略有下降，而水质非常清澈，有的地方从水面上可以看到水下40米的深处。

这种深度就是在严冬也保持着它的独特之妙。冬季，当冰把大水域封盖，当风把冰原上的厚雪刮得一堆一堆滚动，露出冰面的地方是人们来此观看冰下水中世界的绝妙去处……

冰，仿佛变成一块奇妙的放大镜，把冰下水底世界清晰放大。人可以清晰看到水底的鱼吐着泡泡在游动。这与远在它南端的科尔沁草原上的查干淖尔冬季渔民通过查看"鱼花"而捕打冬网，几乎如出一辙。

俄国小说家安东·契诃夫惊叹贝加尔湖冰下水的清澈，他在致莫斯科友人的信中说："我亲眼看到了冰层下岩石和山脉沉浸在绿宝石般的湖水中，背部都起了一阵凉意。"

查干淖尔渔把头石宝柱说："我这辈子，没走多远，就在湖边上转，冰上边和水下边一样。你活它也活，你死，它也死了……"

查干淖尔冬季的冰原和贝加尔湖冬季的冰盖是世界上地球北部仅存的两块大冰。它们扣在地球北部，使人类生存的土地更加壮丽了。

在地球上，大多数湖泊形成的历史其实往往不超2万年，而贝加尔湖和查干淖尔的形成已有2500万年之久了。它们是一个独一无二的生态系统。如贝加尔湖，它拥有约1000多种地球上其他地方所没有的动物和植物物种。几乎没有哪个湖泊的生物多样性可与贝加尔湖媲美，这儿的湖底在接近湖床处是热浪喷发区域，动植物们享受着底层水流带来的富足氧气，这使得贝加尔湖有一种鱼，身体非常透明，透明得甚至可以隔着它看书。而另一种深水鱼在浮上水面时，则会因水压差而导致身体爆炸。

冬捕，就是人类去探索贝加尔湖和查干淖尔冰下生命的奇妙存在。

马蹄在寒冷的黑暗中敲打着冻硬的土地，雪风裹着从远方匆匆赶来又匆匆远去的车影，消失在茫茫的冬夜的漆黑中。

人在冰上走，往往不敢迈步，不单单是因为滑，还有一种心理上的障碍，那晶莹的冰层能托住人的重量吗？

就像大车的木轮、铁轮，曾经在久远的岁月中一代代碾过冰层一样，贝加尔湖的冰盖上还修了铁道，这也许就像查干淖尔冬季拉马轮的马要在蹄壳上加一种铁匠打制的带"翅"的马铁，让铁和千年的冰面对。

在历史的记载中，俄国人在1904—1905年间的冬季在贝加尔湖上铺设了一条铁路，这使得莫斯科首次通过铁道线与位于日本海的符拉迪沃斯托克连在了一起。在冰上造铁路，不但造价昂贵还要抵得住冬季的酷寒。沿湖边的湿地那些亿万年沉积下来的土层已被严寒彻底凝固了，冬季它们和冰一样被冻硬，夏季也不会变得过于绵软，铁道实际是建在这种土层上。从贝加尔湖南端的伊尔库茨克通往遥远的符拉迪沃斯托克，就是为了把奥木尔熏鱼送往远方。伊尔库茨克是进入俄罗斯远东的大门，这里的商人靠运送奥木尔熏鱼控制着俄罗斯西部与中国、蒙古和东西伯利亚之间的贸易，铺在冰上的铁道上的列车一过，四野就沉静下来了。那些潮湿的隧道和腐朽的枕木彰显着生活在北方的人类与严冬和冰层所较量的岁月。

人类的生存往往在于一次次惊奇的发现。就像贝加尔湖的奇妙生成了西伯利亚的寒风，使科尔沁草甸上的人也以独特的感受去品味着查干淖尔，直至使一种生存方式在这里生成，那就是亲近寒冷。

从居住地村屯的温暖的火炕上爬起，穿上棉衣赶往网地，一路上要穿越变化无常的寒冰地带。平野上的寒风就是那种来自西伯利亚的著名的寒风库尔图克。它刮来时，一是来自查干淖尔的西北，一是它会闪着一个个亮亮的光点，那种晶莹的冰状的雪粒在马瞪起的眼神中被照亮。

风带着亮光，抽打着世间的一切生灵，天地间一片混沌。人在沉沉的北方冻雾中生存，人是在近距离亲近寒冷。

当生命给自然以亲近的时候，其实生命这才实实在在地融进了自然本身，这是一种生存规律。这早已变成了查干淖尔自觉的生存行为。在严寒的冬季的冰野上，生命与生命在互相的融合、亲近，它们融为一体了……

马和人、牲口和人一块组成了生存载体对付那独特的环境——严寒，而一个独特的遗产类型正拉开了它存在价值的内幕，向世界展示着其生命文化的奇丽，在黑暗和寒冷中开启了千百年的遗产程序。

在冬季的严寒黑夜里，大约经过两个多小时的长途奔走，拖网的爬犁或大车才能在东方刚刚露出鱼肚白时到达查干淖尔冰原上的下网点。

下网点是头一天渔把头已经选好的地方，许多"网垛"已堆在那里，单等黑夜从屯子赶来的渔夫们去展开并布网。

经过几个小时的奔波，马儿这时已累得口渴心燥。它们虽然身上结着厚厚的白霜，但已疲惫不堪。这时，渔夫们先要卸车、喂料、饮马。人累了、饿了会说话，哑巴牲口虐待不得。

卸下的马，先在冰上遛遛，让它们先打打滚或放松一下。

这时，就要饮马了。

饮马的水，就在厚厚的冰层之下。要用冰镩先镩开一个冰窟窿，让冰水上来，这时再去饮马……

马们早就渴了。

它们一个个乖乖地等在一旁。

它们仿佛在对主人说："快点吧，把哥们儿渴死了。"

每次从冰上回来，娘都问，给马凿冰眼了？回家要给娘细细地讲这些事才行。

打好冰眼后，马们开始轮流喝冰水了。

马喝着冰水，这时四野又刮起了雪风。风，把冰原上的雪扫净，脚下露出晶莹的冰原。

人们的脚下是蓝色的、透明的，蓝得醉人。

胆小的人，不敢看。

以为一脚下去，人就会沉入冰底。

但那是凝固的水。

世人很少见过查干淖尔偌大冰原的壮观。

首先，马们体会到了查干淖尔的荒凉和粗犷。

牲口们喝完冰水，开始吃上了草料。

一切，都在冰上进行。

黑夜在渐渐地退去。东方一点点亮起来了。先是一片橘色的云雾，接着，有初升的日头的影子出来了。

吃饱了，喝足了，牲口们开始等待干活了。

因为，用不了多久，那一场更加持久的劳累便重新回到它们身上。它们是自然和生命中这种遗产的重要主角。

而此时，渔夫们没有丝毫的歇息。他们开始筹备冰上的繁忙作业。

天，渐渐地发亮了。

太阳也许还没有出，也许是刚刚爬上冰雪覆盖的地平线。

人是大自然中会移动的雕塑，矗立在茫茫的查干淖尔大地上。

石宝柱说，娘的脑子里总会装着冰上的一切细节。每次从冰上回来，她都细细地问，然后就是沉思，她一点点地全都记下，你得天天回答她。

渔夫们分成若干伙组。有的开始"展网"，有的开始"打冰眼"。一切都按着一种远古的格律进行。

首先，老渔把头要选定入网口。

接着，小打在这里开下第一个冰眼……

打冰眼十分讲究，要先用冰镩将厚厚的冰层扎透。往往是两人一组，一人开凿，一人舀冰。

冬季，寒冷在宁静中放大，传递着一种久远的神奇，冰雪的波浪凝固成柔和平静，扩展出一种神圣，空旷无垠的地平线弥漫着一种浓郁的神秘，仿佛在向人讲述一个生命的故事。可是生命在哪里？荒冷的冰野没有一丝生命的痕迹。但是，当人们细心去倾听地表以上秋水冻成的冰坝和寒冷凝固的雪线下晶莹的冰层，就会发现那里正传递出一种远古的呼唤。

北方的旷野给予生命及走进生命的角度，更给予人们了解生命的机会。查干淖尔的生命之门一旦开启，有心人便会一下子扑进大自然野生原野的怀抱。千百年来，严冬在这片土地上留下了太多灿烂的记忆，这是它自己的生存记忆，区别于一切记忆。也许是地球和大自然的一个偶然厚爱，使查干淖尔避开了现代社会的侵扰，尽情地享受着属于自己的寒冷和宁静。

娘什么都不记得了，她只记得儿子什么时候从冰上回来。

她等他，一块儿吃饭。

有人问她："你儿子呢？"

她会回答："上查干淖尔了，上冰上干冰活去了。"

冰活

冰活，就是冬捕时的冰上的活计。

冰雪文化，有自己的程序。

冬捕，是一种奇特的冰活。

先是打镩，冰镩是那种1米多长的钢尖头工具，足足有20多公斤重。一镩下去，冰末四溅。另一个配合的人要用"冰蹦子"把碎冰从冰眼里搅碎，然后再用"冰撮子"和"搅罗网子"把冰末捞出，使冰眼形成。

下网眼的冰眼是一个长方形的"冰槽子"。由这个冰眼向两侧各数百步，方向是与正前方形成70—80度角，插上大旗，渔民们称其为"翅旗"。

这种翅旗，就把偌大的捕鱼网点规划成了一只展翅欲飞的大鸟，如果从天上向冰面上看去，那恰似一只展翅欲飞的巨鸟或即将腾飞而起的苍龙。翅旗，正是飞龙飞鸟的翅羽。

这时，该插"圆滩旗"了。

圆滩，指冬捕网的范围，总体成圆滩形。插圆滩旗是为了打圆滩冰眼，以便下网。

打圆滩冰眼，就像运动场上的马拉松赛。

只要下网眼一定位，渔夫们便从这里开始向四周辐射并开始打运串联杆子的冰眼了。

串联杆冰眼要沿着翅旗处每隔15米凿一个，要与对面的对称，分距离，相对排列，并列而凿，一直要凿出上百个冰眼，大约要排到二里地之外……

冰镩砸击冰面的一瞬间，银色的冰块和白色的冰末随着冰镩起落飞舞跳跃。太阳的光芒透过晶莹的冰块折射出闪闪的光柱和亮点，无论人从哪个角度看去都像到了一个神话传说中的万宝坡，遍地的奇珍异宝在闪闪发亮，冰凌带着太阳的五色光泽在闪烁，人们切割着包围记忆的硬壳。

当人站在冰原上时，其实人已不知不觉地进入到一个童话中去了。

人，就是这个大自然的童话中的重要角色了。冰和天光的色泽一样，蓝汪汪的，伸向遥远的地平线。

风，会把它上面的浮雪全都刮走。

一些刮不走的，是人或动物的脚印，把浮雪踩硬了。于是，那些雪点便清晰地印在冰上。

那些洁白的记号，就像一碗清汤上漂荡着的清晰的葱花，柔和而温情地漂在冰的清爽之中……

大自然真是一处奇妙的处所。

洞穿脚下的坚冰，人要在漫无边际的冰原上不停地迁徙。

让冰扎（一种带线绳的工具）去丈量无边的冰野。贴在怀里的巨大的闪着寒光的冰镩是查干淖尔渔夫们的神笔，他们用它在这片冰原上书写传奇史。那是即将向世界展示的属于他们自己的神奇、神圣和神秘。

冰野上的渔夫就是与冰面对。当太阳刚刚露出东方的地平线，查干淖尔的渔夫已经开凿坚冰了。

大自然把渔民们雕刻在查干淖尔冰原上。那是一尊尊会移动的塑像。太阳光反被寒雾冻得发出奶黄色的光泽涂在查干淖尔渔夫身上。地平线的一侧闪出黎明的光亮，在他们迁徙的冰路上，一眼眼鼓动着冰水的冰眼闪动着波光，那是查干淖尔渔猎文化之光。

有时候，被把头指定下镩的"卧子"是一堆厚厚的雪。但是，渔夫也不要担心，你只管按照把头的指点去下镩就行。因为，表面看上去，那是厚雪，不见冰，但这恰恰是把头的眼力。

纵然这儿是雪，但也逃不掉石宝柱这样的把头们的观察和判断。他早已从入冬以来的各种自然特征中分析出在此处下镩的道理。

娘说："柱啊，你可看准了，不走眼？"

他说："娘你放心，不走眼。"

于是娘点点头，依旧坐在炕上沉思。

冬天，查干淖尔渔夫的所有穿戴，都有讲究。初看上去，外表就是棉袄、棉裤。可其实只要你一触摸便会得知，那是一种与其他地域不一样的服饰。翻开裤里，一层柔软而长的皮毛缝在里面称为皮裤。

查干淖尔一带的皮活，是这里人的一种创造。所以，寒冷也会对这些渔夫们甘拜下风。

皮肉在这些毛皮中，暖暖地活动着。

老娘每次都要给儿子把这些衣裤检查一遍才让他穿上。

凿冰眼，又叫搬镩。搬，就是搬动。这个词用得非常准确。那种凿冰的工具冰镩上的铁裤，足足有一米多长，远远地超过了木把的长度。钢筋铁镩，沉重无比，没有点力气休想搬动它。

那是查干淖尔人的威武和温柔。

渔民就这样以它去对付那坚硬的冰原，把一扇传奇的大门一点点打开。

当巨大的冰镩打透厚冰，天和地一下子通了。

那是天上与人间的沟通，是物质的门，是记忆之门。

随着这层记忆之门的开启，源源不断的记忆，便会奔流出来，人也会随着它，走进那新鲜而又丰富的期待中去。

在冰眼晶莹的壁墙之间，人们无限的想象四溅飞腾，它吸引人去展开想象的翅膀，把人渴求智慧的心灵填满。

最后，还要在二里地之外凿出一个"出网眼"。

出网眼，要同"下网眼"差不多，也是长方形的一个大槽子，以便最后网从这里拖鱼而出……

凿完这上百个冰眼，大约需要五六个小时，所以半夜从家里出发现在看起来一点也不早。

这时，开始下传连杆子了。

传连杆子，也可叫"串联杆子"，网通过它在冰下运行，把一张大网一点点带往"出网口"，它的使命也就完成了。下传连杆子，是个技艺性很强的手艺。这是查干淖尔渔夫千百年来传承下来的文化遗产——"绝活"。

如果说，做衣服缝衣裳要用"针"，这传连杆子就是冰原上冬网捕鱼连接"网片"的"针"，但这是一根巨大的"针"。而且这针要一对，在冰眼的两排冰下排列，同时下杆，运行……

这种传连杆往往要30多米长，是一种古老的渔猎工具。

过去许多人弄不明白，冰面好好的，这渔网是怎么"下"去的呢？

这种传袭千年的冬网的"下"法，其实就是人类的生存能力，也是一种智慧的创造，更是一种珍贵的文化遗产。

当渔夫们在太阳还没有升起来之前就来到冰上，当这边的渔夫们选出网眼、下网眼和打下传连杆子的冰眼时，这边的渔夫们已开始"运网"了。

运网，又叫布网，就是先把网从爬犁上卸下来，展开。

开始，这些网是垛在爬犁上的，这叫"网垛"。网垛在头一天夜里就在冰上，一冬天就这样。

一切都被冻凝固了。仿佛连记忆也被冻凝固了。在大地的衬托下，人是丰富想象的背景，人和自然组合在一起，成为新的自然。

马的眼睛时而闪出光点照在冻网垛上。

它们的眼睛瞅人时，正与人的目光相接，于是就变成了"亮"对"亮"。

但是，霜雪已糊住了它们的眼毛，亮泽从结满霜挂的睫毛后透露出来。

走进查干淖尔，人便开始了令人震惊的记忆之旅。东北平原的冬鱼是那么鲜美，可那是这里的打鱼人用命换来的。

一年冬天，一个网队的网片在冰底被挂在草根上，要有人下去"摘挂子"，这种危难要由新入股的小股子去。进去的人要一口气扎入冰底，摘好网后钻出冰眼人立刻会被另一个人用棉被一裹就扛走……

人被扛到了网窝棚里先不能用火烤，先要用雪搓身子，不然人身上的肌肉转眼变黑，血脉不通，人便会失去知觉。

查干淖尔，处处流动着惊人的传奇。

这些汉子们，每一个人都有自己的娘，就像石宝柱有自己的叫"唐丫"的娘一样。

娘，都是一样的娘。

所以，查干淖尔永不会濒危，那些关于渔夫们和渔夫的娘的故事就听也听不完，就像那偌大的结网的网绳，一层又一层，一节又一节，一片又一片，一块又一块……

网的传奇

网在冰底布开，全靠传连杆子的劲。这个劲，是向前漂动的力。这个"劲"和"力"，就是站在冰面上的渔夫用"扭矛"和"走钩"给它"上劲"——给力。

这是真正的"给力"。

其实"给力"这个词，不是现代社会发明的，也不是小青年在生活的时尚中创造和产生出来的，它在远古的渔猎文化——查干淖尔冬捕的岁月中早已产生，它是人类早已存在的渔猎文化遗产的代表作。

当网从下网眼"堆"下去时，渔夫们开始给传连杆子加力了。

这种给传连杆子加力，是一种绝活，全靠技术。

首先，当把巨大的带着网的杆子顺入冰下后，扭矛要搭住传连杆子的一头，然后以手腕的花劲一扭，那种组合又交叉的力，一下子使传连杆子起动了。

水下的物体，其实浮力是非常重要的。

当扭矛一打，那种劲迅速过渡到杆上，杆便运行起来。这种"打劲法"，年轻的渔夫都望尘莫及。

而经验娴熟的老渔把头已打了一辈子"杆"了。

他的劲，全在"心"上。

看起来他用手、用胳膊，其实是在用心灵去打杆。

打杆使劲，要猛一打，不能打"滑了"。

所谓的打滑了，是指你在转动"扭矛"时没有掌握好发力的时刻，这时一打，劲消耗在传递上，使杆没有受到力。

而打杆的一瞬间，要在"扭"上下功夫。

杆要前行，劲要横打，如何产生"前行力"，全靠人去用心琢磨"起动杆"和"加速杆"的时间和力度。

起动杆时的"打劲"和"加速杆"时的"打劲"完全是两回事。而且，扭矛掐在杆的什么位置上，都很讲究。

"老打杆，老打杆，

十分力气只用三，

他的杆子往前窜……"

这是当地渔夫的民谣。至于对那些不会打杆的人，渔夫们又说：

"小打杆，小打杆，

别看你在用劲搬，

其实杆子身不翻……"

能力和技艺是这种渔猎遗产的重要标志。人类需要传承的正是这种珍贵的技艺文化遗产，这是查干淖尔遗产。别土无有，别土不生。

这时，人们可能还不知道，也不太懂，这不就是一张网吗？怎么这么费事，这么复杂呢？其实，这正是它作为世界级非物质文化遗产要受到人类去保护的理由。

在人们一般意义的理解上，捕鱼只要把网向空中抛开，网缓缓地落下，罩住水面，再一提一拉，一网鱼就拖上来了。这其实只是人们对夏季渔猎生活的一般性理解。而冬捕，特别是查干淖尔冬捕，在严寒的冬季那种冰下的网，不能像夏天那样高高抛起，轻轻落下，它要在冰层下慢慢地"布"开。谁来"布"？表面上看是网自己在分布。

而其实这种分布，是靠人以智慧（文化遗产）来"指挥"网去"自己"自动展开并捕捞鱼，这是一件多么神奇的事情啊？

而更为神奇的是这种网。

这种网，被称为"组合"网。平时不是一个整体，因为冰下的空间太大。冬捕的网，要分成若干块。冬捕渔网一个大网由96块网组成。

网，像鸟的飞羽，所以又叫"网翅"，一翅分三块。

一块网30米长，5米宽；一翅近百米长，三块一翅，称为"一拉子"。拉子，是指出网时拖网的用语。96块网，就是32拉子。

可以想象，那将是怎样的巨网潜伏在茫茫雪原的冰层之下。冰雪之下，真的是"布"开了"天罗地网"……

网垛在冰原上，是一座座山峰。而山峰上，站立着一个个渔夫，那是一种奇特的人网的组合。

世上有各种网，但绝没有如查干淖尔这样的网，一网就堆成一座山。

网山在茫茫的冰原上起伏，像远处的山岗。一座座山岗紧相连，查干淖尔，连绵起伏的网山把久远的传奇从远古传至今天，还在继续传承。

网，是地球生命的细胞。

查干淖尔冬捕网一张2000米长，堆起来就是一座网山，铺开就是冰下远去的波涛。不同的是，它在智慧的查干淖尔渔夫控制下紧贴冰下的泥底而缓缓运行，它不去惊动那即将出发的生命。

浓烈的金光照亮了浩渺的查干淖尔，地表上的网山一点点被冰层张开的大口所吞噬。在人的脚下，在那五光十色的太阳光照射下的晶莹的冰下，人们可以清晰地看到大湖的细胞和血管——网，那鲜明的纹路在漂动，在远去。

人类与地球冰层下生命的对接是一根500米长的大掏（粗绳索），它一头系着进入冰下的网纲，一头要悬挂在地面的拖网马轮的套索上。亿万年前，人类就对地球冰层下的另一类生命有一个联系的缓冲。

大概大掏的送递，就是人类传承下来的远古的告知。

严冬，当古老的查干淖尔冰面闪着灰色的光泽，那是天空的乌云把雪厚涂成了这种颜色。如果太阳不出来，一冬天都是这样，可是渔夫们能透过天和冰面的颜色去断定拉网时刻。

拉网的又叫跟网的，这是查干淖尔冬捕活动的主要劳力。拉网渔夫见网已运行到出网眼时，要先把大掏的一头系好网纲递给马轮手，以备套拖。大掏两侧是"网翅"。

如果打串联网，网翅两边一边8个跟网的；如果4个网，头前数就得16个人，这些人被称为拉套的，又叫"拖套"。

这些渔夫的作业范围很明确，就是协助马轮将网翅一片片地拖向马轮，减少马轮拖拉的难度。

冬天，冰面上奇寒无比。网和绳上的水把他们身上淋湿，又冻成冰壳。查干淖尔渔夫一个个就成了会移动的"冰雕"。

厚厚的冰层"吞"进传连杆子的一瞬间，人们也在寻思，这一网下去，谁知多少万斤？

千百年了，查干淖尔该多少次的这样把杆子插进冰层去，也插进了人们自己深深的记忆之中。而大掏又从岁月的底层把记忆拉出来，接成一个难忘的记忆。

眼毒（有能力）的老渔把头可以从头几条鱼颜色、气味和它们的动作上充分地判断这一网的数量，那是他多年的能力积累。

这种能力，甚至来自他的父亲，父亲的父亲；他的爷爷，爷爷的爷爷，那是一种才华的传承。

这种能力其实来自多少次的冰原亲历。冬季，在茫茫的查干淖尔冰原上，有能力的老渔把头往往只搭一眼便知晓在哪儿下网鱼多鱼肥，这早已在他从春到夏，从秋到冬，对水，对风，对下霜下雪的时间、时辰的观察上就确定了。

大自然离不开人对它的总结和概括。亿万年之前，这种观察就存在了，所以我们称查干淖尔是一处奇特的渔猎文化发祥地，鱼儿就是这个地方的鲜明而突出的文化符号。

拖网的人稚嫩的面孔表明了他们的身份——小股子。

这是查干淖尔最普通的劳力。股，指一个劳动力，又是"股份"之意。因从前找鱼都是一伙人凑在一起，各自带来不同的工具，甚至牵来一匹马，也算作一小股。

小股子在冰上作业主要是力气活和一些杂活。帮马轮拖网的，就叫拖网小股子……

小股子是每一个渔把头自己的童年。

每一个渔把头都是从当小股子一点点熬出来的，这叫多年的媳妇熬成了婆。查干淖尔让每一个肯于付出的人最终完成自己的夙愿。

岁月，把一个个小股子磨洗成渔把头。

把头，有说是"帮头"，指一个帮、一个伙的领头之人；也有说来自于蒙古语巴图、巴特、巴特尔（英雄）的。

在他们生于这片土地上时就注定了他要走查干淖尔渔夫之路。

一冬天，要穿坏几件老羊皮袄。多少次的生死使他们领略了查干淖尔的威力，终于让一个人的生命放射出奇异的光芒，成为冰原人。

冰原人，有自己的生命认识，马儿就和他自己一样。

当寒风把人冻得合不上嘴巴，他依然要掰开冻得张不开嘴的马儿的嘴，把温热的料填入"伙计"的肚里。

查干淖尔，是生命与生命真诚碰撞的土地。

大网如果在冰下布开，可想而知，茫茫的几十公里以下的冰下，那网已经展开，由传连杆子带动，一点点地运行到了出网口了。

出网口，其实和下网口的功能一样，是网由此出来的口。但不同的是，这个网不是空网，而是实网了。

实，就是"红"，又叫"日头冒红网"。这是指网从夜里和黎明开下，到当天的早上，也有中午或下晌，就开始起网了。

其实，那网一直也没有停，它是在不停地运行的。现在，已来到了出网眼了。但是，它太沉重了。因为有鱼，人们丰收的果实在里边，一般的力气是拉不动的，怎么办呢？

这时，人类要感谢动物了。

动物生来就具备了拖拉这种巨网的本能，于是人类发明了"马轮"（一种专门用来拖拉冬网的绞盘），以它来拉起这种大网。

在严寒中

终于，头一批家伙们露出冰面。

当带网的大掏露出出网口时，固定在冰面上的马轮开始发挥作用了。

马轮由轮和轴两个部分组成，上下两个轮盘，中间是筒套，筒套套在轴上，轴棒固定在底座的爬犁架子上。加力之后，上下轮和套筒一起转动用来拖网，又叫"绞掏"。

由于是用马来拖拉，所以叫马轮。

在世界范围内，用马轮转动套索来拖拉大网，让鱼儿跃出冰层出世的场面已经不存在了。这种原生态的生存方式，让人充满了对生命的理解……

在这里，马是一种独特的生命。

绞盘，是一种巨大的冰爬，固定在厚厚的冰面上。拖网时，把被称为"大绦"（tāo）（俗语大掏）的粗绳子，连接在网上，另一头系在绞盘轮上。由马去拉动，就会牵引着兜满鱼的巨网从冰下缓缓而出。

这简直是世界的奇观，是全人类仅存的历史和文化创造。

马们，那些在黑夜就出发离家，来到冰上刚刚喝过冰眼里的水，身上的厚霜还结在上面，这时另一项极苦累的劳作又开始了。

应该把更多的人引入到查干淖尔来，那是他们没有见过的场面。其实世上有许多陌生的事情还需要人们把这些变成熟悉的事情。在陌生没有变成熟悉之前，这些陌生永远是新奇和生动的。

我想，查干淖尔这些马日夜奔走，可是却走不出冰雪的世界。那该是一个多么庞大而遥远的冰雪之原哪……

一副马轮，往往由四匹马来拉。

赶马轮手站在中心，手持大鞭一甩，马儿便就地转圈奔跑。仿佛在拉磨。但那是一个巨大的"磨盘"，连接着几十吨甚至上百吨的分量（鱼掺着水），在马轮的转动下，巨网"吱吱"响着，由冰下缓缓地出现……

　　头几"拉子"鱼少，因为"前网"漂在上面。但接下来，沉甸甸的"红网"就快到来了。

　　每年，当第一片雪花飘落，当寒风渐渐吹干地上的草，吹落树上的叶子，各家的马儿都开始不安地躁动起来了。它们天天面对主人不停地刨地，并嗷嗷地号叫，仿佛在催促主人，快快行动，去捕鱼吧。现在，马儿也知道它们的作用了。

　　当马戴上拖网的套在冰上奔跑时，那种激情一次次地感染着人。难道地球上的生命不是奇迹吗？它，就是不会说话。它如果会说话，主人一定会听到它在呵呵地乐。

　　冰面被撕开巨大的裂口为出网口。水中升腾着茫茫的寒气，就像是大地张开的欢乐的嘴巴，冰堆起的冰坝正是他老人家的厚唇。这时节，人与自然的陌生感，一下子消除了。

　　这时，人们会觉得，其实自然是多么渴求人去亲近它、贴近它。而人类，也时时在力求去亲近自然、贴近自然。这时人们才感受到自然那欢快的喘息。大地散发出的气息，表明地球是一个生命，也是一个奇迹，一个实实在在的奇迹。

　　出冰的鱼，已迅速在冰上被冻凝固了，雪被天罩成醉人的蓝色。它们，翅和嘴的薄处，被阳光照透，成为橘黄或浅红，也发出金色的光亮，其他部位，立刻被寒霜白雪裹住。

　　风刮起雪，渐渐地掩埋了它们。

　　头和身子或展露出冰上的残雪，使鱼们变成一具具浮雕，刻在自然的年轮上。

自然的年轮，又是历史的刻度，它们来自何年何月？

雪痕与冻鱼，组成岁月的刻度，留存在人类必将一点点消亡的记忆中。

在查干淖尔冬捕的冬日，一切寒冷、劳累、困乏，都已抛到九霄云外了。

网房子厨房送来的一碗饺子、一碗豆包、一碗豆面卷子都含着无尽的香甜，让冷风和粮食一起吞进肚里。

家乡土烧锅（作坊）自酿的老酒带着乡亲的火热心情一同流进肠胃，烫热了查干淖尔渔夫的情怀。

有的人，竟然几天几夜不下冰面。茫茫的冰原，就是他们的家。几代人啦，都是在这样的环境和季节里生存，他们练就了一副抗寒耐冷的性格。只有查干淖尔最后的渔猎部落里来往着这样的汉子。

无论多么寒冷，心底依然惦记着娘，那苍老而难忘的人。

石把头说，我不进家，她不吃喝。

她等着儿子，水不喝一口，饭不动一口，只是不停声地问："媳妇，你男人呢？柱子呢？"

媳妇给娘擦擦眼间的泪说："正往回走。雪大冰滑，路远天寒，还得等一阵子……"

娘不出声了。她把耳朵贴在老柜上倾听，静静地倾听。她听到的，只有风在冰冷的查干淖尔雪原上怒号。一会儿，风也停下来喘息着，一切又归于寂寞和沉静。

大地尽头

唐丫用唾沫洗完脸待在那里时，早春的风，已从门口刮进来，她刚洗完的脸，一点点干了，皱纹也舒展开了⋯⋯

她仿佛在倾听近一百年间的同一个季节的动静。那动静在她耳边展开，和着呼呼的风雪，也在她心底展开。

一辈子，她的心都在惦记当中，没有平静过。老了，她要品味平静的滋味。

查干淖尔，如果没有严寒那就不是查干淖尔，天不冻，鱼不鲜，地不冻，鱼不嫩，正是这里的天寒地冻和严酷的岁月，才有了查干淖尔和查干淖尔娘。

当冬捕的祭祀仪式结束之后，当冰上的人马都转向茫茫的冰原去捕鱼之后，当一群群四面八方来到查干淖尔参加冬捕活动的人都撤离了现场之后，人们都走向远方冰上的网地了，那里只剩下石宝柱一个人了。

人们走向冰面，他要走回老屋，走向炕边，走向自己的老娘。

他知道，娘在等他。

他必须回来。向娘告知，第一阶段的祭祀已完成，头鱼还是他捞的。

娘等他，其实是摸摸儿子，然后再放他上冰。他不上冰不行。来自四面八方、天南地北的人都在打听唐丫的儿子渔把头石宝柱在哪里。他不来，整个冬捕就没有根脉。

娘静静地听着院子里的动静。因为，那冬捕仪式结束前的大喇叭（大别拉）粗壮的喔喔声告诉她，仪式已结束啦。

用不了多久，院子里就会传来粗重的脚步声，是儿子回来了。儿子站在娘的小炕前，照例说："娘，我回来了。"

娘不出声，只是伸出老手，抚摸着儿子被寒风冻硬的脸颊和新刮的有些胡茬子的下巴，说："快回去吧，回到冰上去吧……"

儿子说："不。我守你一会儿。"

娘说："快走。"

儿子笑了，他说："真撵我走？"

娘点点头。接下来是默默地叨咕着什么，谁也听不懂她说些什么了。

但是，唯有儿子懂，那是娘在真心实意地撵他走。快回到他心底的去处——查干淖尔冰野上去吧。

冰野上，苇子已经被寒风刮得飞扬着，朵朵干枯的轻飘飘的芦花在摆动着，在冬季的雪原上寒风与雪花卷在一起，带着大地的气息，刮向了远方。

家的院子，在娘和儿子的沉默中更加的沉寂。一切，都在默默地倾听着老娘与儿子的对话。最后，还是儿子把脸贴在娘的脸上，那刚刚用唾沫洗完的娘脸，亲切温柔。娘也贴着他，贴着儿子——这查干淖尔骨肉传承的血脉。

大地在苍茫的白雪下伸向远方。

人们怎么总觉得唐丫就是这片查干淖尔呢？查干淖尔浓缩了就是唐丫，唐丫就是以往和今后的查干淖尔，它一点点的变小，又放大，最终覆盖了查干淖尔。查干淖尔原来就是母亲的故事……

在风雪里，这个故事传承了上千年。

在这片土地上，曾经流传着圣主成吉思汗的传说。相传，成吉思汗的仲弟哈布图·哈萨尔大王的第十四世孙奎蒙克·塔斯哈喇为了维护北方正统蒙古汗的统一，于明嘉靖二十六年（1547）率众"东迁"，这就是历史上著名的"嫩科尔沁东迁"。

据草原上著名的文化人类学家苏赫巴鲁的《三湖一边的伯都纳》记载，当年嫩科尔沁东迁，抢先沿着译为"男儿"名字的嫩江而下，占领了明朝统治下的蒙古"乌梁海三卫"里的夫余卫并成为卫长。他统领的地域为嫩江下游、混同江下游、鸭子河、达鲁河（洮儿河与嫩江汇合处至松花江段）、洮儿河南至西拉木伦河流域的松漠草原。这就是如今的嫩科尔沁部落。广袤的嫩科尔沁，后又分为科尔沁、郭尔罗斯、杜尔伯特和扎赉特。

奎蒙克·塔斯哈喇有五子，其中三子乌巴什掌管着郭尔罗斯草原，也就是嫩江下游和第二松花江的左岸。乌巴什之子莽果有五子三女，当他称王时，五个儿子都得到了分封，三个女儿却什么都没有。

女儿为什么啥也没有呢？

仿佛自古以来，女人就不该有什么。

莽果的长女叫乌兰高娃，二女儿叫查干高娃，三女儿叫哈喇高娃，她们出生的时候都有着不同的经历。

有一年夏天，莽果带着将要分娩的妻子放牧来到了昂格赉的僧斯林泉边，他见此地水草丰美，就在这儿安下帐篷。第二天清晨，莽果的妻子在仆人的陪伴下来到僧斯林泉。她对着一汪泉水正要梳妆时，突然感到一阵腹痛。当莽果带着几个女仆匆匆赶来时，妻子已在泉边生下了他日夜盼望的第一个女儿。

女儿的小脸红扑扑的。"安啊安啊"的哭声格外嘹亮。女仆用羊羔皮将新生儿包好正要抱回去时，莽果说："蒙古人依水草而生，既然上苍让我心爱的女儿降临到泉边，那就让她接受泉水的洗礼再回家吧。"说着，他亲自将心爱的女儿抱到泉水边，用宽大的袍袖蘸着清水，小心翼翼地为女儿擦洗起来，女儿的小脸越擦越红。于是，父亲给女儿起名为乌兰高娃——意为红色而美丽的姑娘。

查干淖尔，沉淀着女人的故事。

女仆们抱着乌兰高娃，搀扶着夫人回帐去了。可是，莽果却跪在僧斯林泉边，手扣心窝，面向苍天祈祷起来。祈求苍天再赐给他两个女儿。也许是莽果的祈祷应验了，第二年的八月十五，妻子果然又生下了一个女儿。那天夜里，又大又圆的月亮白得出奇，就连远处的丛林也看得一清二楚，皎洁的月光从天空射进蒙古包，竟将这个女儿的面庞映得白亮亮的。这天夜里，兴奋之中的莽果喝得酩酊大醉，趁着酒兴，在这个月光如雪的夜晚，他给二女儿取名为查干高娃，意为白色而纯洁的姑娘……

查干高娃出生的下一年，莽果又喜得一女。三女儿出生的这一天，正是天狗吃月亮的夜晚，天异常的黑，黑得伸手不见五指。

莽果走进帐篷的时候，羊油灯忽然被风吹灭了。他贴近女儿看了半天，也没看出个模样来，于是顺口说道："黑黑的，什么也看不见，就叫她哈喇高娃好了。"意思是黑色而又漂亮的姑娘。

日月如梭，白驹过隙……

不知不觉间，18个年头过去了。这一年初夏，三个如花似玉的姑娘身着华丽的盛装，分别乘着红、白、黑三色骏马，拉成一线，来到了僧斯林泉附近。

女儿如三朵彩云飘到草原上，来到父亲身边。远处，羊群像白云飘落草原，牧人裂锦般的长调扶摇直上蓝色的苍穹。马蹄踏着花香，春风吹拂着三位美丽姑娘的心扉。可是突然间，她们的心中又充满了惆怅。古语说："与其荣华富贵一生，不如留下芳名百世。咱们也要像男儿一样，才能赢得荣耀。"

黄昏时刻，她们来到了父亲的毡帐。正在喝着奶茶的莽果见三个女儿结伴走来，又排成一溜跪在他的面前，就放下手中的银碗，开口问道："我的三个女儿，你们是不是有话要说？"

大女儿乌兰高娃和颜悦色地说："阿爸大人，我们的哥哥都有了分封，但我们做女儿的虽然没有封地，还不能留下个名分吗？"

二女儿查干高娃赞同地说："哥哥们各得其所，实属各有应得。我们不求别的，只求阿爸大人给我们留下一个名分。"

三女儿哈喇高娃想了想，笑着说："阿爸，水有深浅之别，人有高低之分，如果说哥哥们是阿爸的右手，那么您的三个女儿就是您的左手，若是拍在一起，疼的还不是阿爸的心吗？我们虽然不像哥哥们那样得力，但是阿爸，我们也是您的心头肉啊……"

莽果听了，哈哈大笑一阵。说："自我的三个女儿出生之日起，你们就成了令人骄傲的公主，这难道不是你们今生最好的名分吗？"

三个女儿异口同声地说道："今世的骄傲，来世谁能带走？"

阿爸被三个女儿说动了。

他站起来，在毡帐中踱了三圈儿，突然站下来。

阿爸说："我的乖女儿，你们既然知道按古俗女儿是得不到封地的，但咱们郭尔罗斯前后二旗中部，达鲁古河的两岸，像天上的三星一样，横排坐落着三个没有名字的湖泊。"

"哪三个湖泊？"

"江北、江南，再往南……"

"是吗？"

"是呀，我的女儿。我看倒不如这样，江北的那个就以乌兰高娃的名字命名为乌兰淖尔；江南的呢，就以查干高娃的名字命名为查干淖尔；再往南的那个，就以我的小女儿哈喇高娃的名字命名为哈喇淖尔。这样好不好呀？"

"阿爸，好是好。可为什么这样呢？"

"孩子，人有生死，草有枯亡，有什么会比江河湖泊的水更长久呢？"

三个女儿眼中放出沉思的光芒。说道："谢谢阿爸大人，是您让您的女儿有了这江河湖泊般的芳名。"

从此，大自然就这么传承下来。

然而，水对着人，人对着水，又不尽相同。

以大女儿名字命名的乌兰淖尔，位于郭尔罗斯后旗（即今天黑龙江省肇源县），经过千百年来，它渐渐地干涸了、消失了，只剩下一个名字了。位于今松原乾安县以三女儿名字命名的哈喇淖尔（即大布苏湖），意为黑湖，表示它的烈性。其实那是一座碱湖，黑也是指碱的紫色。由于水土流失，湖渐渐萎缩干涸，岸边渐渐形成八百里瀚海上的泥林，俗名"狼牙坝"，土层干枯变黑。

这是三女儿出生时风突然吹灭了油灯，父亲看不见她的小脸儿，才叫她黑色而美丽的姑娘吗？一切不得而知。但是，唯有查干淖尔，如北方土地上的一面天然晶莹的宝镜，静静地铺展在嫩科尔沁土地上。

以二女儿查干高娃命名的查干淖尔，如明珠般闪烁在美丽的北方，并把故事从古至今流传下来……

查干淖尔，美丽当中带着无尽的生命传奇和生死的历程。大自然的狂风、暴雨千百年的吹打，北方严寒终日的施威，它却传承下来了一个适应严酷的性格形象，查干淖尔，顽强生存下来的一个母亲。

冰院子

冬捕前，其实许多冬捕细节已经开始。首先渔场要把院子浇水冻冰变成冰院子。冰院子来自水院子，这是北方一种大车店的名字。早些年，在靠近松花江、鸭绿江、嫩江、图们江沿岸的地方，一到冬季，严寒就使这些江河封冻了，山道、岗道落雪不好走，于是这些冰封的江面就成了车马爬犁的康庄大道。特别是一到年跟前，山里和平原深处的村落和人家都纷纷套上大车，装满山村和平原深处的各种特产，黄烟、蘑菇、兽皮、松子、榛子、野鸡、山兔、大豆、杂粮、冻鱼、冻豆腐、粉条子，一车车，一爬犁一爬犁地顺着这些冰冻的大江奔往城镇的集市，再从集市上换回烧纸、香码、糖块、面碱、布料、成衣、碗筷、蜡烛、灶王、天地、门神、年画等一应年货，再从这种大道返回村落过年、祭祖、接神。由于严冬使北方的江河封冻，江面上变成坦途，可以走车马爬犁，这一下子催生了一门生意——冰上大车店水院子。水院子，其实是冰院子，是指建在江河边上专门接待从四面八方由此经过的运载山里山外货物的那些赶车的老客。冰院子大车店和普通的车店一样，备有热乎乎的大炕和各种饭食，吃完饭还可以听二人转和北方的民间小戏。院子里专门有人夜里给马添草料，早起还有人叫早，夜里睡觉前还有人给打来洗脚水烫烫脚，以便解乏。而冬捕前的冰院子却与此完全不同。

查干淖尔冬捕前的冰院子是为了"鱼"。这里的鱼，就有如那些从四面八方归来的"车马客人"，是为迎接它们而专设的一个院子。这里的冰院子，是名副其实的冰院子。在查干淖尔渔场，有一个1000米见方的大院子，四周是一间间巨大的房子。夏天，房门紧闭，冬捕的各种工具堆放在里面，偌大的渔场院子便成了渔夫和家属在此织网、补网、晒网、晾网的好去处。而冬季，那些修理好准备拖到冰上去实施捕鱼的各类工具，都要先摆放在院子里，然后分堆。分堆就是分类，要按照每一个网队所使用的工具归堆。常规的渔猎工具也就几样，主要是船、网之类。可是，北方查干淖尔的捕鱼工具却多到三十几样，这些工具90%左右是用来对付冰封雪冻的江河，所以可以称为"冰雪冬捕"。无论是凿冰的冰镩，还是15米长的"传连杆子"；无论是舀冰的"冰蹦子"还是揽网拖网的马拉马轮；无论在冰上"撮鱼"的"冰撮子"还是在冰上固定马轮的"冰锛子"，一切的一切，都是为了对付北方的严寒和厚厚的坚冰。在查干淖尔，捕鱼工具随着严冬而诞生，连它们的名称都与冰雪紧密相连，形态更是坚硬、结实，要准备与冰硬碰硬……

　　那些堆放在渔场院子里的工具，已经一件件经老渔夫、老木匠的手修理好，就等着寒风刺骨的日子一到，大湖冰冻到一米多厚之时，便会在一夜之间被渔夫们拖出院子，进入到寒冷无比的厚厚冰原上去，施展各自用途去了。那时候，渔场的大院子里就会变得空空荡荡啦。空空荡荡的大院子，就要开始浇冰了。浇冰，是在院子里的地上洒水，让北方的严寒使水冻成亮晶晶的厚厚的冰层，俗称冰院子。

　　其实，千百年来，北方人就是在与冰和雪打交道，本来冬季的大地，经严冬的风雪一吹，所有的一切都笼罩在冰雪之中，人们和动物、家禽出行不便，为何好好的院子，却还要浇水冻冰呢？许多人都在寻找查干淖尔的神奇和奥秘，而这冰院子就是它的神奇所在。

冬季，当严寒在一眨眼间就把地表上的一切都冻硬，当万物皆因寒冷而瑟瑟，而此时却到了查干淖尔最欢乐的时日，他们要迎接鱼归仓。鱼归仓，就如秋天大地上的粮归仓，不是几条鱼而是成千上万吨的鱼一下子拉进院子，如何对付这些鱼？只有冰院子能胜任……

冰院子浇冰要赶在严寒落雪之前动手，不要使雪落在地上，这样浇出的冰不是白冰。雪在冰层之下会与天颜色一致，晃眼睛，渔夫们不好干活。要在大雪还没落下，选一个极其寒冷的日子，以笤帚扫净院子，然后开始洒水。洒水浇冰要从院子的一头开始以水龙头均匀地向地上喷水。旧时是以人挑水，以葫芦瓢舀水泼向院子。那水一泼出去，落地便已成冰。

一天一宿要浇六次。要等大约两袋烟的工夫，头一茬冰已冻平，才能浇第二遍。不能快，也不能慢。快了，头一茬冰会与二茬连在一起，不能掌握冰的平均厚度；慢了，头一茬与二茬容易起层，不利于冬季的使用。

查干淖尔渔场冬季的冰院子是冬捕的一个重要环节，作用非常重要。那冰要有半尺厚才行，要抗砸、抗磨损。因每天要有成百上千吨的冻鱼从寒冷的冰面上拉进院子，一倒进院子，冻鱼便变成了鱼山。这时，冰院子里的渔夫就开始分鱼了。分鱼，就是挑选鱼。要分各种鱼，什么胖头、鳡条、草根、黑鱼、白条、青鱼、串丁子、白鲢等不同类型，还要分出大小。这种分工、挑选可忙坏了渔夫。

而此时，整个冰院子已完全被鱼塞满，渔夫们挑选完的鱼已来不及搬运，而是依靠冰院子的冰，将各类鱼滑入仓库各自的位置。冰院子成了"滑院子"。

那时，冰院子各仓库的大门已大敞四开，各种大小的鱼，该进哪个仓库，全靠在冰上滑运过去。在冰院子浇冰时，其实冰道已直通各个仓库里了，地表上的冰已直达仓库的墙根。鱼们直接可以滑动过去，又伤不着鱼肉。特别是浇好的冰院子，加上已落了薄薄的小雪，冰面上又滑又软，可以快速运鱼，又不磕碰鱼，真是一个绝妙的"冬运"妙方。

那时，渔场的冰院子已沸腾了！

你看吧，那些负责滑鱼归类的人把鱼抱起，然后一抛，便把鱼分别滑进仓库里，那边"小打"（年轻的渔夫）们和在库里负责垛鱼的小伙计们，一个个在严寒中早已甩掉了大皮袄，只穿着一件小褂，棉帽子的帽耳也卷翘起来，大汗淋漓地大喊一声："三号库——"

嗖——咣当当——

只听一阵巨响，一条鲜红粉嫩的大冻鱼便在渔院子的冰上滑了过去，直奔三号库！

又有人喊："躲开——二号库——"

又一阵响动，另一条冻鱼也滑过冰院子，迅速到达库房。而且，冻鱼各走各的路线，绝不相撞。

那时的查干淖尔渔场的冰院子，鲜鱼冻鱼裹带着荒野和大自然奇异的严冬气息，各色鱼组成的五彩缤纷的色泽，在空气中和阳光下飞舞交叉，奇丽辉映，寒冷的空气中流动着欢乐。大片的冰鱼在地上滑动时交叉游走，从来没有碰撞和堵塞，那是一种技艺和智慧的运行，那是人类珍贵的生存遗产的杰作。

北方的冰院子随着鱼涌出冰面，日夜在上演着冰雪滑鱼大戏。渔场那一间间偌大的库房里，转眼间，鲜鱼被一垛垛地堆码在一起，形成一道道奇丽无比的自然景观。在漆黑的夜里，院子里要点上马灯，或凭借着天上寒空的月色的光亮来运鱼、滑鱼。那冻鱼砸在冰院子上并以极快速度滑动时，往往会升出一串串火星子，与天上的星光和院子里的马灯，组合在一起，使渔场之夜辉煌灿烂，那是地球北方至今还无人完全知晓的文化去处，一种古老的自然文化气息在升腾着，随着寒风冷雪飘进久远的岁月里去了。

查干淖尔，就是这样以它的独特景观向世人展示着这个人类最后的渔猎部落的充实和完美。

《月牙五更》

渔场有24把冰镩。这时冬捕前渔场院子里还没有浇冰，我在院子里四外奔走数着，足足用了一个多小时才数清。每伙网队平均有6把镩，西山外渔场有4个网队，应该很快算清这里冰镩的数量，可是就是这几个数字却算不清，因为这"24"不断在滚动、变化。有的网队一上冰，镩就"伤"了。伤，就是损坏了，不能用了。于是，其实每一网队都有若干备用冰镩，或"伤"后换下来的冰镩，迅速运到库里或木匠徐向臣家。渔场库房外和他家的仓房子里、院子里苇垛前、鸡架和苞米楼子下，到处都堆着"伤"了的冰镩和正做着的冰镩。冬捕一开始，表面上是有24把冰镩在运行，而实际上有无数把冰镩在打制、安装、修理过程中……

木匠徐向臣从12岁起就跟爹徐兰财学木匠活。爹那时在渔业队的更房子里看守网棚。冬捕一开始，各网队一下子开进冰湖之上，院子里立刻空空荡荡起来，偌大的一个院子里，只有他一个人守着，伴随他的还有挂在墙上"嘶嘶"响的汽灯。风，时而把裹着汽灯的羊皮刮起一角，那光亮时隐时现地在空旷的院子里闪动。但是用不了多久，冰上"伤"了的镩运下来了。就像战场上伤了的伤员急需救治一样，院子里就成了修理、修造伤镩的火线。那些镩由于是对付坚冰，多伤在镩头、镩把，于是他立刻捅开烘炉，重新烧制镩尖，那锋利的但已被坚冰摧断或震裂的镩头，需架起木凳，把镩放在上面或插在地上，开始修理被折断或摔裂的镩或镩把。这时，他急需的是人手。

再早，渔业上曾经给他配备了一个叫杜丘的铁匠，那一年冬捕一开始，家住八郎的杜丘娘让他回去相对象，徐向臣突然想起在家放牛的儿子。尽管儿子已放了一天的牛，累得正卧在炕上呼呼睡，他扎着围裙返回家，揪着儿子的耳朵说："小……臣子！快……快快……快起来——"

儿子从睡梦中起来，揉着睡眼说："爹！干啥你快说呀！"

爹说："你，你你……你明知道爹，爹是……磕巴……说，说不快！你逼……逼我……"

儿子也就笑了。

是啊，爹从小就磕巴。要爹快说，那不是要爹的命吗？而且，爹在周边村落和渔业队里就是出名的"徐磕巴"呀！于是儿子说："爹，那你不会唱着说？"

这一句话，提醒了爹。爹想，对呀，俗话说："不会说话，唱着说。"包括磕巴，据说一唱，什么问题都解决啦。儿子的提议把爹乐坏了，一拍儿子脑袋说："小子！你咋不早说！"这一下，说话反而利索了。接着爹就唱着告诉儿子："冰上的伤镩下来了，院子里火炉捅上了，木凳子架好了，斧头和刨子也备好了，就是人手不够。儿子你别睡了，跟爹走吧。"

儿子听懂了，也听乐了，爹也被儿子感动了。爹于是上去踢了儿子一脚，算是对儿子的称赞。于是，拉上儿子快速奔往渔场院子修造伤损的冰镩去了……

修造冰镩那是一些寂寞的夜晚。陪伴爷俩的，只有孤灯与寒风，还有"忽达忽达"一劲儿响的风匣。有时，爹和儿子俩干得大汗淋漓，干脆甩掉棉袄，光着膀子，歪戴着狍皮帽子，像两个幽灵，在烟火、浓雾、寒风、冷雪里窜来窜去。这时，儿子瞅瞅爹想笑，爹瞅瞅儿子也想乐。因为他们的胡子、眉毛上结着白霜，满脑门、鼻翼上抹着一条条黑灰，样子十分可笑。

这时节，爹拿儿子就当了一个平辈的伙计啦。

闲暇时，儿子往往问爹："你和我妈处对象时都说些啥呢？"

爹说："别爹爹的。爹有啥了不起呀！"

儿子说："那你真是我爹呀。"

爹说："爹不过就比你早来两天。今后，没人的时候，你就拿爹当哥儿们。"爹又告诉儿子，人要娶媳妇，主要靠本事，要有能耐。男人的能耐，就是手艺。要勤劳，肯干活，多动脑筋学本事。人要巧，心眼要好，要有出众的地方。干啥要像啥，卖啥招呼啥。这样的男子，女人心里会有你……"

在那些寒风刺骨的冬季之夜，在查干淖尔那远离火热的冬捕冰面的村落里，其实另一种火热的生活依然在延续。就有如木匠徐向臣和爹徐磕巴父子，他们眼下也依然在以自己的付出，使得查干淖尔冬捕前方兵强马壮，确保了冬捕能顺利进行。那一把把结实完好的冰镩、传连杆子、抄捞子、铁撮子、爬犁杆、套杆子，源源不断地供给上去，才使查干淖尔冬捕像轮子一样，能自由运转。

运走修好的各类工具，院子里便寂寞起来了。为了打发那些寒冷寂寞的冬夜，也为了治疗自己的磕巴，徐磕巴往往就用唱的方式和儿子说话。爹唱的声音很中听，而且爹最乐意唱的就是东北民间的《五更》。

五更，在东北民间是一种时序歌，也是一种曲牌子。它往往是一种以时序为主格的民间情歌。五更，是指时辰在漫漫长夜里已经到了深夜五更时分了，而且五更时分，天也快亮了。能拖至五更还没睡的人，说明这一宿都在想心事。或者是睡不着，重新醒来。总之这《五更》恰如其分地道出了这种曲子音调和内涵的来历。这种小调，让人动情动意，凄苦而有韵味。

《五更》，特别是东北《五更》，往往指寒夜深沉，冬季漫长，东北人猫冬，冬天没有觉，睡不着，只有在夜里，夜深人静之时，人才能静下心来，深深地思念起一些人、一些事，特别是自己心底十分想念的那些事情、那些人物。

送情郎啊一送送在大门东

忽然大门外刮起一阵风

刮大风就不如下小雨

下小雨可留情郎哥住上一宿……

爹唱的那些歌，一点也不跑调，而且好听极了。这都是他从那些走乡串屯的民间二人转艺人那里听来、学来的一些玩意儿。在早，东北民间二人转艺人经常唱"网房子"，就是到打鱼人的网窝棚里去，在地上、炕上，一宿一宿地唱。别人听过那是过耳烟云，可爹却一点也不忘，而且还能原封不动、原汁原味地记住，这一点真叫人刮目相看。而且有名的徐磕巴一唱起《五更》来，真的就一点也不磕巴了！

一更里小姑娘封建没打开呀

让她唱歌书包背起来呀啊

二更里小媳妇封建没打开呀

让她唱歌孩子抱起来呀啊

三更里老太太封建没打开呀

让她唱歌烟袋叼起来呀啊

四更里老头子封建没打开呀

让他唱歌胡子撅起来呀啊

五更里小伙子封建没打开呀

让他唱歌镐头扛起来呀啊

……

爹开始有了记忆的年头，正是中华人民共和国成立初东北土地改革时期，那时爹和许多早期的农民一样，进入了土地革命工作队。他在渔场和农村人家搞土改，见识过许多人家在几千年的封建日子里没有迈进新时期的人物，他自己和自己的老伴，其实都是这样。那时他搞土改，见了女人都不敢抬头，而暗暗表示自己心底爱慕的，也只有二人转艺人们那一首首痛快的"说口""小帽"，还有就是他们熟练又动人的《五更》。

东北《五更》，只要二人转艺人在村屯一走一过，那些动听的小曲小调便如雨后春笋一般在情感被遗忘的村落里牢牢地生根发芽，并迅速在查干淖尔渔夫中普遍传开。捕鱼，除了在严冬腊月是主要的活计外，其实一年四季渔夫也是有闲有忙，春天湖面冰融，还没有到开冰的日子，人们便集体组合在一起到旷野上去打麻绳；夏季的夜晚，渔业队集会，讨论分工织网、修网，漫长的一夏天织网、撒鱼苗以及秋季修理冬捕渔具，在这些集体劳作的活动时日里，渔民的紧张心情才能稍稍地松弛下来，为了打发漫长的光阴，唱东北民歌、小调，特别是《五更》，也便成为生活在科尔沁草甸上的查干淖尔渔夫们的一种自然的嗜好了。

《五更》往往又被称为《月牙五更》。月伢或月牙，是指达到五更时，夜晚本来圆圆的大月亮，已经渐渐地变成弯弯的月牙了。这是一种时光在消逝的感觉。月牙，反而更加衬托出长夜漫漫，表达出人对人的期待，人对光阴的留恋，对生命的不舍。从月圆等到了月缺，人呢？这有一种人惜青春的深切的感觉。于是，这月牙仿佛更有了生活的情趣和人认识自然特征的韵味。东北的《月牙五更》唱碎了多少人的心哪！许多《五更》，其实是女人对一个有出息、有能耐的男人（也许这正是女人挑选丈夫的标准）的歌颂，这是人生的标准，是女在选男，但又何尝不是男在选女呢？但是《月牙五更》一旦在女子的口中唱出，则更加的凄苦动人，催人泪下，又催人奋进。《五更》往往能把男人唱成一个让女人盼、让女人想的好人、好丈夫、好男人……

一呀一更里呀

月牙上树梢

心上的俏哥哥呀

快来度良宵

花灯美酒迎骏马

妹爱哥，打虎擒狼挽弓刀

二呀二更里呀

抚琴唱青楼

哥是好猎手呀

妹妹不担忧

恶虎若起伤人意

好哥哥，刀枪在手拦虎头

三呀三更里呀

月儿当头照

哥哥闯关东啊

妹妹叹零漂

琴心剑胆离情重

好哥哥，挣回银钱回锦城

四呀四更里呀

鹊桥渡牵牛

天上有织女呀

地上有莫愁

望穿秋水红颜瘦

问哥哥，关东收复几大州

五呀五更里呀

酣夜唱晓鸡

为哥披戎装呀

洒泪惜别离

铁马冰河路千里

妹盼哥，千里明月照凯骑

从徐磕巴嘴里唱出的《月牙五更》不是靡靡之音，他一唱，也不磕巴了，而且一炕的人都被他一下子唱醒了。查干淖尔渔夫一个一个都是有情有义的人。大伙不但不埋怨他，还盼他，都说："唱吧，徐磕巴，俺们不睡觉了。"有时，徐磕巴的《五更》往往把大伙唱得一个个眼泪巴查的，于是大伙就劝他："徐磕巴，再来一个吧，来一个吧……"

徐木匠，也被大伙说得眼泪巴查的，这反而使他更愿意唱《月牙五更》了。

荒凉寒冷古老的查干淖尔，一年人们看不到什么戏，也听不到什么小曲，只有等二人转艺人李青山、大国子他们来，而他们，由于科尔沁地片太大，一年年的也说不定什么时候才来上一回，于是徐磕巴就成了查干淖尔渔夫们心中的名牌的"二人转艺术家"啦，徐磕巴果然也不负所望，他能对每一首《五更》过耳不忘，而且他又能丝毫不差地反复唱给查干淖尔的人们。查干淖尔人愿意听民间的《五更》，这是查干淖尔渔人的福分和情意，也是一种品质。他们从来不欺负弱小，不伤害女人；他们讲究承诺，说话算数。对那些说话不算话的人，他们看不起，尤其对那些看不起别人或自以为是的人，他们尤其看不起。也许，这正是从徐磕巴嘴里飞出的那一首首动人的《月牙五更》一年年一岁岁在人们的心底深深地起到了对人格力量的潜移默化的作用。而这一切，都沉寂在查干淖尔原野那茫茫的寒风厚雪之中了。

《月牙五更》的一切细节，其实就是查干淖尔历史和女人的心。女人，从小就长一个惦记男人的心眼，一旦她惦记你了，她的心里就有你了。在查干淖尔，在大水泊的北沿是大苇塘，那里胡子多。父亲不但会木匠活，而且会赶马车，他外出拉粮上货，有时套六匹（马）的，有时套八匹（马）的，从查干淖尔来往大安北的"插里火烧"（也可能是蒙古名），然后经过八郎。那里，遍地都是胡子……

胡子有叫"三里三"，有叫"六里六"的，都是"地盘"。他们把一些地片划为己有。西山外有两个"高老三"，一个是总柜头，一个是炮头。这一带有三大姓人家，老刘家、老孔家、老陈家。有一年，老孔家和胡子"中山好"干起来了，把胡子打死了，从此这一带和胡子结下了死疙瘩（记仇）了。于是父亲惦记他，不让渐渐长大的儿子徐向臣到查干淖尔来。可是，那时徐向臣已和屋里的（爱人）从3岁就订下了"娃娃亲"，他心里有数，要出息，自己不能怕。于是，他专门来到这一带打鱼、当木匠，从此有了自己的天地，于是爹也佩服他了。

做冰镩、修理捕鱼工具，这玩意儿是个累活。比如，冰镩上的把，要一边长，一边短，这叫"脾气把"，是指要给打镩人留下个余地。那冰镩把的长短，要由使镩人自己"抽"动（要用多长，抽出多长），不懂查干淖尔渔夫心思的人，往往一律做成左手10寸右手50寸！可万一人家是左撇子呢？这叫人算不如天算。

可是许多时候，人也没算，天也没算，是自然自己在算，是一种自然存在。

冰镩尖，像查干淖尔渔夫抽的烟头那么细。但太细了，容易"打"秃；太粗了，又不走冰。要不粗不细，由制镩人自己发铧去打，自个制定镩尖形。那是一种小四方尖，四处带棱，一走冰，"扑扑"出声，又好听，又能破冰。

冰镩不好使，渔夫骂木匠

不能等人骂，要叫活亮堂

小头把，就地转

大头把，找方向

冰飞起来五彩光

拖出日头冒红网

……

这是徐磕巴和儿子总结出的查干淖尔渔夫冰镩和如何使镩的经验。一个冰眼，镩个二三十下就得完活，一个人只能打十几个冰眼。在女人们看来，查干淖尔的男人就应该是制镩和修理冰镩的那种男人，要力气有力气，要技术有技术，不是白被惦记的那号男人。《月牙五更》唱碎了多少查干淖尔男人的心哪，但今天听起来，依然韵味十足。"一更里来难睡又难眠，忽听蛐蛐报了一声喧，蛐蛐呀，奴的哥哥，你在外边叫，奴在绣房听，叫的是伤情，听的是痛情，急急凌昏下泪珠儿横。翻身睡不着小姑娘，翻身睡不着小小子。他二人哩啦啰嗦哩啦啰嗦，就到了二更。二更里来难睡又难眠，忽听窗外寒雀报了一声喧。寒雀啊，奴的哥哥，你在外边叫，奴在绣房听。叫的是伤情，听的是痛情。伤情痛情，痛情伤情，急急凌昏下泪珠横。翻身睡不着小张生，翻身睡不着小莺莺。他二人哩啦啰嗦哩啦啰嗦，就到了三更。三更里来难睡又难眠，忽听那蛤蟆报了一声喧。蛤蟆啊，奴的哥哥，你在外边叫，奴在绣房听，叫的是伤情，听的是痛情，伤情痛情，痛情伤情，急急凌昏下泪珠横。翻身找不着吕布，翻身找不着貂蝉。他二人哩啦啰嗦哩啦啰嗦，就到了四更。四更里来难睡又难眠，忽听那毛驴儿叫了一声喧。毛驴啊，奴的哥哥，你在外边叫，奴在绣房听。叫的是伤情，听的是痛情，伤情痛情，痛情伤情，急急凌昏下泪珠横，翻身睡不着贾宝玉，翻身睡不着林黛玉。他二人哩啦啰嗦哩啦啰嗦就到了五更。五更里来难睡又难眠，忽听那金鸡报了一声喧。金鸡呀，奴的哥哥，你在外边叫，奴在绣房听。叫的是伤情，听的是痛情，伤情痛情，痛情伤情，急急凌昏下泪珠横。翻身睡不着小哥哥，翻身睡不着小妹妹。他二人哩啦啰嗦哩啦啰嗦已到了天明……

徐磕巴和儿子徐向臣的《月牙五更》伴随着冬捕，也伴随着一年四季在查干淖尔捕鱼的渔夫流传着，把这个多才多艺的渔夫的故事传向四面八方。

亲切的草垛

查干淖尔原始的荒凉总是默默地保持在那里，这也许就是它本色魅力。

我们去往马夫连振芳家，就感受到了查干淖尔那种原始的荒野气息，那时已接近午后三点了，我们赶往他家。他家居住在渔场西山外屯靠近大湖水面的一个胡同里，从村落主道上向西一拐，就能看见通往他家的胡同。再从这里走进去不足50米，便到了马夫的家门口，可是大门紧锁。我们问他家的邻居，告知一家人是去拉马料了。我们有些失望，只好从那门上的一块掉了木板的洞向里面张望。这是北方那种从房山头一侧开门的住房，只能看见房山头和院落的一角。土房已经露出土坯和泥皮，房上的土烟囱也掉下一些泥皮，许多荒草从院子的一侧露出来，在严寒的北风中抖动着……

夕阳正在西下。冬季下晌，夕阳落得十分迅速。我们都着急，说不定一会儿太阳落下去，主人又不回来，这次相见就要落空。但完全没有办法。万灵建议，干脆去大湖边，先找个有草垛的人家拍个外景，也算来到了查干淖尔马夫家。于是，我们随她朝马夫家西侧的通往大湖的方向走去了。

那是一个上坡。从马夫家往西望去，天边一片通亮。

正是阳光十分耀眼之时，而且又对着胡同口正中，我们都用手打着遮阳，踩着胡同地上的牛粪、干草往上走去，往阳光灿烂的冰湖方向走去，我们的身后，已是夕阳渐暗的马夫家那条窄窄的胡同了。

出得胡同，人们放眼望去，心情敞亮多了。查干淖尔就静静地躺在人们的眼皮底下。冬日的太阳普照着茫茫的水面，在严寒之下，大湖的周边刚刚结了一些薄冰，可远方和湖心还是水波荡漾，阳光使水的波纹现出流动的涟漪，四周的水显得暗淡灰白。那是一幅独特的初冬北方冰河在封冻之前的奇妙景色。

有几只水鸟哏嘎叫着，掠过还没有封冰的水面，不时地叼起几条小鱼，飞快地冲着阳光向西飞去。

我目送远去的飞鸟消逝在荒野冰湖的远方，渔场与大湖边上那渐渐远去的土道，还有冰湖边上冬季发黄的枯苇在寒风中刮得前后摇晃，冻手、冻脚、冻耳朵。眼前的一切景象根本没有任何冬捕细节，那会儿有的只是湖边寒冷中的肃静和无边的荒凉，无论如何也不会让人联想到会有成千上万的人在眼前这个地方出现，然后是红旗招展，锣鼓和长号敲动吹响，人嘶马叫地涌向前去……没有，一切都回归于平静和荒凉……

没有其他人出现。只有我们几个是在我的带领下，还有说是来寻觅查干淖尔冬捕细节的中央电视台的万灵女士等几个人，还有渔场的阐书记和渔猎文化博物馆的小白等。我们失望地站在寒风里，仿佛被生活所嘲笑着。这时万灵说："还是录一下吧，让曹老师站在一个或者是大湖为背景，或者是草垛为背景，让他说几句。"我们都瞅录像，可录像瞅了瞅四周，没有一处可以记录下那本来应该有对照特点的地方，可以让我说完别人看时知道是在查干淖尔，而不是在别的什么江河湖泊岸边。那大湖在初冬的寒冷中静静地等待落雪，然后完全封冻，现在实在和别的地方没什么两样。于是，我们从录像失望地摇头的动作和眼神里得知这没什么可记录的。万灵也说："去渔场村落人家找找一些草垛吧。"

可是，太让人失望了！这儿本来是一条湖边村头大路，村里的人家的房山头都正冲着湖边大路，如果在从前，那些房山头一定堆着一垛一垛的草垛，可是如今，却一垛草垛、苇垛也看不见。这是因为这几年，这里的渔猎人家已经都住上新农村统一规划的砖瓦房啦，不烧草苇了，而改成烧煤气或煤炭了，所以各家的草垛早已迅速消失了。就是有几家有草垛的，人们也已用一种从城里廉价买来的那种漆黑的塑料布苫盖上了，人们看去，十分不顺眼。那种草垛下就是人们匆忙以推土机或铲车修出的有坡度的道，显得格外粗糙。万灵急得直跺脚，因为她已寻找不到原始的拍摄点。我在心底也暗暗地叫苦，农村、田野，怎么能没有草垛呢？等拍完了查干淖尔冬捕，我一定要专门抢救中国北方农村的草垛，因为草垛已成了一种濒危的文化记忆了。旷野、渔家和农村，还有牛马和牲畜在，怎么能没有草垛了呢？

正在大家一筹莫展时，忽然有人喊，回来了，有赶车的声音，可能是查干淖尔马夫回来啦！于是大家急忙向胡同口跑去，果然见远远的，查干淖尔马夫连振芳和妻子吴秀杰跟着拉马料的车一前一后慢慢地向胡同口走来……

我们兴奋无比。因为此时，夕阳的光影已经开始爬上了他家房墙的下半部，说不定一会儿就会完全落下去！于是，我们就喊查干淖尔马夫屋里的（爱人）吴大嫂说："来！您快走几步，我们先进院看看！"

查干淖尔马夫的女人吴大嫂就离开车马，率先向自己家门口走来，因丈夫摇鞭赶马转弯，胡同口又太小，他要一点点才能使拉马料的车掉过头来。当查干淖尔马夫的女人手持钥匙向我们走来时，我们一时很心酸。只见查干淖尔马夫女人身上穿的本来是一件粉红色的年轻女人的时令棉袄，可此时，已全都被马料给滚染得一块灰，一块白，已经没了女人衣裳那种美丽的色泽，她头上的一块翠绿方巾也被染上层层白面，风一刮，直眯我们的眼睛……

可是，查干淖尔马夫的女人却很兴奋，她一下子打开了自家的门锁，用力"哗啦"一声推开了自家大门，说："快！快进来吧。让你们久等了！"我们争先恐后地挤进马夫家，"啊！"这里，大家不约而同地惊叫起来……

原来，一走进房山头那窄小的门洞，只见院子里豁然开朗。只见正房的房门冲南开，冲着大门的那一侧是一溜儿马圈，马圈的下边是狗窝、鸡舍、鹅栏等等，马圈正对着的院子的东侧有着一座山一样的草垛，草垛的一角处有辆大车，车上拴着两匹马，正欢快地吃着草。而且，一听女主人的脚步声和说话声，马儿"咴咴"地扬头冲她叫了起来，我们的心情也欢快起来……我们无比激动的是在那垛山一样的大草垛下看到了生机勃勃的查干淖尔人家，嗅到了查干淖尔草垛野草的清香，感受到了生活本真的气味！我们这时一下子意识到，原来院子里藏着一个真正的查干淖尔。

文化发生地中的一切生活的真实和细节其实都需要我们自己去寻找，去认知和关注。那些看上去也许是极为普通的细节，只要我们认真地品悟和分析，就会发现那些久远的生存习俗，习惯都已深深地印入人们生存的行为中去了，也许生存在那里的人自己并不觉得自己有什么与众不同，但是他们自觉保存和保持下来的真实生活确实保留着诸多的与众不同。

初冬，查干淖尔还没有落雪，四野已经干冷干冷的了。许多动物，特别是人家的马啊、牛啊，已开始食用养牲口人家秋天从草甸上割回来的草料了。牛马一撕扯咀嚼草料，草垛里的田野草甸气息立刻飘散出来，升腾起来，就如查干淖尔马夫的家，他家的小院本来就不太大，这时那种浓浓的草甸、草垛气味已弥漫在院子里，这使我们兴奋不已。

草垛，这是一种多么亲切的自然存在呀，有了它，才说明这儿与查干淖尔接了地气，也说明这里是查干淖尔文化的存在地，那些不加任何掩盖和伪饰的草垛，那些自然堆放在那里的草垛，告诉人们，这是一个真实的查干淖尔，这才是查干淖尔冬捕的实实在在的细节。

因为马上要开始冬捕了，马儿要走进冰原雪野里去拉网拖套了，要好好地喂喂它们，它们在一个漫长的冬季走入渔猎文化之中，使自己成为渔猎文化的一部分。

这时，院门口的胡同传来"驾——驾驾——吁——"的吆喝马的声音，是查干淖尔马夫连振芳把拉草料的车赶进了自家的院门口，妻子吴大嫂忙去帮丈夫牵马，使车子停在院子里的窗台前，然后他们夫妻二人急忙一袋子一袋子地往下卸马料。

那些马料，都是从碾米作坊买来的苞米粒子，这是马的上等料。而且，特别是在严寒的冬季要上冰拖网、拉马轮、揽大掏的那些马，一定要在严寒的冬季补这种料。而且，要在每天的夜里，为每一匹即将上冰的马补喂这种料，才能使渔猎拉马轮的马腿有劲，能蹬住冰，这才能拖动几十万斤鱼的重网……

他们夫妻一边卸料袋子，我们的采访也一同开始了。

经询问才知道，查干淖尔马夫连振芳夫妻一共养了9匹马，到了严冬冬捕的季节，他要亲自牵着这些马上冰，并挥鞭驱赶它们去拖网捕鱼。在古老的查干淖尔，养这种冬季要"走冰"的马并不容易，这种从小在马市上被挑来的马，一到家就要精心地喂养并训练。夏天要天天上甸子上去遛，使马有精神，长劲儿，腿硬实。

遛马，其实就是"遛人"。

在查干淖尔，要注意马的安危。在草甸上遛，一是吃草，二是走动。要保护马们不被野狼、野狗、野蛇和蚊虫所伤害。有时下大雨、刮大风，连振芳两口子得跑到甸子上给马背盖上雨布，自己却往往淋得浑身湿透。

那些马，就像这两口子的孩子一样，他们分别给自己的马儿起了优雅的名字，什么"一顶墨""枣红""雪里站""江块子""三黑子""白鼻梁子"等等。主人如果对它们亲切，它们全懂。有一次，连振芳从马市上买回一头生儿马子（没有开驯的公马），不小心让它踢了一脚，别的马都咬那马！就像欺负了自己的亲人一样。

那些马，都挺懂事。每到主人从外面回来，一听主人的脚步声和鞭花响，它们就一齐叫。它们知道这是自己的主人查干淖尔马夫回来了。

有了这些马，才有了生动的冬捕拖网拉马轮场面。

两口子惦记这些马，胜过惦记他们自己。

有许多次，丈夫牵马从甸子上回来，妻子往往问："一顶墨瘦没瘦？江块子感冒好没好？"却忘记了打听丈夫瘦没瘦，有病好没好。

但丈夫也不埋怨妻子。他知道，他们心里有马就行了。

这位从青山头村搬迁过来在查干淖尔从事冬捕用马的马夫也许不知道，他的祖上所居住的查干湖东岸青山头一带曾经是一万多年前旧石器时代晚期渔猎文化发源地，考古发掘出大量的石凿渔网坠，也许他的前世就是这儿的渔猎文化先人，而如今他喂养这些拖马轮拉渔网的马，也许是一种生存形态的轮回。是啊，如果世上真有轮回，我们都愿意相信，连振芳的祖上一定在查干淖尔这荒寒的水土上。

马和人都在心底产生了和查干淖尔季节深深的关联神经，那是一种敏感和节奏律动的神经。

在查干淖尔，连振芳说，当第一场雪一落地，他的那些马们就着急了，它们急不可待地用蹄子不停地刨着马圈的地，或踢马料槽子，仿佛在说："主人哪主人，天已下雪了。快点走吧！咱们上冰捕鱼去吧……"

连振芳说，这些马就是哑巴牲口，不能说话，它们知道每年冬天上冰去捕鱼、拖鱼、拉马轮，如果会说话，它们一定会在第一场雪落地之后，直接领着主人奔向屋外，走向冰封雪冻的查干淖尔，走向茫茫的北方冰野，去开始它们漫漫冬季的捕鱼劳作。

在严冬，查干淖尔的一切生命会让人感动，深深地感动。我们站在他家的小院里唠嗑，这时，马料已卸完。我们想跟他们进屋去唠。我们说："咱们进你们屋去，看看，连唠唠……"

我们说完，等着他们开口，让我们进去。可是等了半天，他却说，就在这儿唠吧。他不让我们进他们家。

在我们发愣的一刻，我们感到奇怪和意外的一瞬间，突然有一种真实和感动涌上心头。我们一下子明白了，这才是生活的本色、生活的真实。我们想，他们一定把全部精力都用在照顾马上，没工夫收拾屋子，甚至还没叠被，可能屋子里乱得没有下脚之处，所以他们才不好意思地直截了当拒绝了我们到他们家去。

我们站在冬天瑟瑟的寒风中，我们大口大口地呼吸着草垛发出的呛人的寒风和青草气息，一种被真实的生活所感染的满足已经涌上我们的心头，我们认为这才是生活，真实而不虚假的生活，我们认为我们已经真正地找到了查干淖尔渔猎文化丰富生动的细节了，那是轰轰烈烈背后的真正的实实在在的文化存在呀。

夕阳终于落下去了，飘着草垛气息的院落里渐渐地暗下来了。鸡进窝了，马进圈了，我们也到了离开的时刻了。查干淖尔马夫夫妻送我们到院口，在黑暗渐浓中我们知道，当查干淖尔冬捕那热烈的文化场面开始的时候，查干淖尔马夫的影子就会隐到人们背后去了，让厚厚的大雪和风吹刮着的雪雾给彻底掩盖住了，人们也许只有精力去注意查干淖尔冬捕的轰轰烈烈的场面，已没有人会去发现那些养马人了。

查干淖尔马

在查干淖尔，马，给人留下不少奇异的记忆，但那些记忆都与冰、与水、与草甸有直接的关系，或许查干淖尔马就是草、冰、水的活态生命体。马夫连振芳记得，他14岁那年，他在青山头放马，他马群里一匹叫

"江块子"的马就演了这样一出戏。

那日头晌，青山头草甸一带晴空万里。

这年的夏天，雨季来得特别早。刚刚进入5月，天天大雨不断，草甸子上的水涨得也很快，马夫连振芳不得不赶着马群寻找草场。这天下晌，他把马群赶过青山头东一片草甸子上，眼前那一片一望无际的大甸子，青草一望无边，直达天际，真是一片开阔的大草甸子。他把马儿放在那里，自己想坐下来歇一会。突然，就见天边涌起一道"黑线"。那黑线越来越近，越来越近，再一看，根本不是什么"黑线"，原来是一道滚滚的黑云，翻滚着，波浪般涌了过来。

风在雨头。接着，刮起一阵狂风，草叶子、泥沙、尘土，都被刮上了天空。一时间，晴朗的天空顿时阴暗下来。这时，连振芳就见那道翻滚的乌云渐渐离了缝，一点点升高，逐渐地遮挡住了整个西北天际。而且，连振芳发现，那黑云的正中间下垂着一道云柱，那云柱上边和天上的乌云一样粗，越往下越细，最后细到像一根针，而且一上一下，不停地扭动……

连马夫知道了，这是龙卷风，民间又叫"龙吸水"，是一种巨大的暴风雨。这可怎么办呢？

而且，随着越来越大的冷风，那白亮亮的哗哗响的暴风雨已经从远方向这边迅速移动。那乌云的背后都是亮亮的天，那乌云形成的龙卷风就像一条巨龙在天上耍动、扭动、抽吸、摇摆，让人看得清清楚楚，也给人一种巨大的恐惧感。

但是，要圈马已经来不及了。

连振芳知道，现在主要得趁着龙卷风还没到之前稳住马群，可不能"炸"了群。于是他骑着一匹马直奔龙卷风和暴风雨冲了过去。但是，这突如其来的龙卷风暴风雨让马群再也平静不下来了，牲口们吓坏了，它们仁一伙俩一群地调头就往回跑，任凭连振芳怎么收拢也不听，眼瞅着马群就乱了套。谁知就在这时，连振芳又被一幕奇异的景象震住了。连振芳突然发现，就在所有的马匹都慌乱得没有主意、四处乱跑时，唯独那匹叫江块子的马突然仰天长啸一声，然后前蹄腾空，回头看了一眼连振芳，突然朝着龙卷风奔了过去……

连振芳喊道："江块子……"

连振芳愣了。

所有的马也都惊奇地镇静下来，它们都停下步子，回头看去。

只见江块子亮开四蹄，欢快地朝着暴风雨飞奔而去。它不但不惧怕这龙卷风，还仿佛非常喜欢这个巨大的龙卷风，也仿佛是正等待着这场龙卷风，等待上千年了。

就在大家都在吃惊的时候，眼前更加精彩奇异的一幕出现了。说时迟，那时快，就见那巨大的龙卷风已迅速来到了江块子的上空。江块子此时却不跑也不跳了。突然，它本能地翘起后身，后蹄朝天，前蹄朝地，让天上的龙卷风的风针一下子刺进了自己后身的体内。

天幕下的景象，让大自然留下了惊奇的一幕。

只见江块子，像一尊雕塑一样，开始一动不动，让天上龙卷风风针在江块子的下身一出一进，一出一进，整个草原大地都在震动，发出"哗哗"的响声，那是龙卷风和乌云带来的暴风雨的响声，可是这样一来，所有的暴风雨都是只有响声，大雨越不过江块子的身体，这时江块子的身体也随着龙卷风的风针一上一下，一起一伏，十分好看！

而且更为奇特的是，随着江块子的动作，天上滚滚的乌云都顺着龙卷风的风针一下一下地被江块子"吸"进了肚里。天上的乌云渐渐地少了、没了。最后一丝乌云也随着风针进入江块子的体内，天空一下子晴朗起来，亮了起来，云开雾散了。

大伙再一看，那江块子扬开四蹄往回跑来，而且"咴咴"叫着，撒着欢。连振芳乐的，一把将这神奇的江块子揽在自己的怀里，亲着它。

这天夜里，连振芳做了一个梦。

他梦见草甸子上开满了鲜花，他放马放累了，就搂着江块子在草地上睡着了。朦朦胧胧之中，草甸子深处，在白亮亮的江水里慢慢地走出一个人来。

"这是谁呢？"连振芳不认识。

平时，他在大草甸子上放马，从来也见不着一个人影啊，可是那"唰唰"的踩着青草的脚步声已经越来越近了，原来这是一个满头银发、长着白胡子的老人，他微笑着迎面走来。

老人说："连振芳，你天天在我家门口放马，今天咱俩得认识认识啦。"

连马夫说："老爷子，你是谁呀？"

老人说："我住在科尔沁嫩江里，我是一条老龙。"

连马夫说："是老龙？"

老人说："正对。"

连马夫说："那我该叫你老龙爷爷。"

老人说："可以，可以。"

连马夫说："老龙爷爷，你找我有事吗？"

老人走上来，爱抚地摸着连马夫的头，说道："振芳啊，我今天告诉你一件事。我的儿子戏了一匹马，生了一匹江块子，于是这马，就有了和龙一样吞风吐雨的本领。你是一个勤劳勇敢的好孩子，这匹小马就送给你了。"

连马夫问：“什么样的小马呢？”

老人说：“就是你马群里那匹超群的江块子。”

“江块子……”

连马夫指指正在草甸上奔跑撒欢的那江块子说：“是它吗？”

老人说：“是它，就是它。孩子，这匹马，不怕水，不怕冰，它是匹好马呀！”

连振芳使劲揉了揉眼睛，原来是一场梦。他低头一看，江块子还卧在他的身边呢。

从此，这江块子就成了查干淖尔冬捕时的一匹奇特的马，它不怕寒冷，神奇无比。老渔把头知道了江块子的灵气，都想试试。

有一年冬捕，大家在冰上决定试一下江块子……

寒风吹刮的时日，原野上风雪弥漫。风刮来，阵阵刺骨。

在等待网出青口的时刻，连振芳从地上站起来，他端着烟斗，美美地抽了一口，然后对大家神秘地一笑，说：“弟兄们，现在我连马夫要露一手，让诸位劳苦功高的弟兄们见识见识咱们查干淖尔马的能耐！你们不是想亲眼看一看这江块子到底有啥灵气吗？一会儿咱们好戏开台，请诸位睁大了眼睛看，千万别错过机会。”

大伙都“哦”了一声，原来是这个！这可太好了。不然打了一冬鱼还不知道身边有这样一匹马。

这时，就见连振芳出场了。

连振芳拍了拍江块子的脖子，然后对江块子说：“江块子呀江块子，这是咱们冬捕的各个把头大柜，你该怎么谢他们呢？”

只听江块子又“咴咴”地叫了两声，在各位把头跟前走了走，显得很亲热。这时，连振芳从爬犁上拿出三个早上从家里带来的谷草球，分别将草球发给石把头、刘把头和蔡把头。然后连振芳说："各位大把头，这匹马的灵气所在，还请你们试试。"

三人问："试什么？"

连振芳说："请你们在我给你们的谷草球里面，放上你们自己的一个物件，然后让马再把草球分给你们……"

他们三人都惊异地叫道："这，能行吗？"

连马夫说："那就试试吧。"

这时，连马夫让别人取来一条带子，又让人上前给马蒙上眼睛。

连振芳说："你尽管去蒙。但一定要系紧点，别让布带子掉下来。"

这时，那边的三个谷草球，也由石把头、刘把头、蔡把头分别将一个物件藏在一个草球里，一个小打捧着草球，摆放在江块子跟前。

连振芳这时说："江块子，你要看仔细。下面请你将各位把头的草球，分别送到他们的主人手里吧。"

蒙着眼睛的江块子好像听懂了连振芳的话，又"咴咴"地叫了两声。全场人都屏住了呼吸，不知道这匹蒙着眼睛的马能否办到。这时，就见江块子一低头，从地上叼起一个球，一溜小跑奔向石把头，把草球送到他手里。然后，它又奔回院子中心，叼起一个草球，又颠儿颠儿地走向刘把头，把这个草球交给了他。最后，它叼起那剩下的草球，奔向了蔡把头。离着一步远时，它停下了，突然它"咴"地叫了一声，一仰脖将那草球抛起来，甩给了蔡把头，在大伙一齐欢呼声中，蔡把头站起来一下子接住了草球。

连振芳说："请给江块子摘下罩子吧。"

这时，查干淖尔冰面上的人们沸腾了，这马也太神了！只见石把头从草球中翻出了自己放进去的烟袋，刘把头从草球里翻出了自己的烟荷包，而蔡把头则把自己烟袋上的一个核桃坠子也找到了，一点不差！

大伙欢呼起来，惊奇地叫喊着。石把头把连振芳叫过来，说："连振芳，你的马太奇特了，但本人还是不知，它是怎么认出来的呢？而且，我们三人每人也没什么放的，彼此放时也是偷偷地各自将自己身边的东西放进去，又都不知不觉地放的都是烟袋上的东西，它怎么就能分辨出来，这不是太奇怪了吗！"

连振芳说："石把头，这一点也不奇怪，马的嗅觉其实是很灵敏的。你想想，在你们开始往草球里放东西之前，我不是牵着江块子到你们每个人面前去嗅过你们、亲过你们了吗？其实这时，它已经把你们每个人的气味都记在心里了。而你们所使用的东西，虽然都是烟袋一类的东西，但其实上边已分别留下了你们自己的气息……"

"气息？气味儿？"

"对。这一点也不奇怪。"

大伙听着连振芳的解释，都佩服地点点头。

从此，查干淖尔马能记住人和自然气息的事就在这片土地上传开了。千百年了，神奇的查干淖尔马的故事一代代传下来，就是今天，那个叫江块子的马的名字，人们仍非常喜爱。而如今的江块子是否会吞风、吸雨？还是请人们到查干淖尔亲眼来看一看吧。

而连振芳却说，俺的马喝查干淖尔的水长大，灵气都在水里。

万灵与查干淖尔

一切都已传开，在东北，在寒冷的查干淖尔，有一个捕鱼老人的娘，已经98岁的老太太，小名叫唐丫，她舍不得用水洗脸，每天只用唾沫洗脸。

中央电视台制片人万灵是个聪明而又好奇的姑娘，她一再问我，查干淖尔冬捕怎么拍，我们已拍了好几年了，再拍，恐怕雷同，上哪里去找一找查干淖尔冬捕细节，变换一下拍摄方式，也是让世人去了解一个真切的查干淖尔。我说，你跟我走吧，去见一个用唾沫洗脸的老太太。她老了，眼睛也瞎了，她不能说话，你只能去看。

万灵和她的团队感到惊奇至极。于是，我们就去了。

查干淖尔久远的文化影响已经从人的生存变化中得到了深深的传承，就犹如我们要去的这位叫唐丫的98岁的老太太家，她的儿子就是查干淖尔冬捕文化中著名的老渔把头石宝柱，他已经78岁了。听说我们又来看他的娘，他远远地迎出来了……

那时候，他早已成了这一带的名人，日本某电视台的采访人刚刚走，渔场为了他接受各方面的采访方便，已专门拨给他一套三间的新式院套，这让他告别了从前的三间小土房，但他还是有点舍不得居住了一辈子的那靠近大湖和一片古树林的旧院落。他在前边引路，往娘住的明亮的上屋走去，他的媳妇葛大娘也迎出来了。我们一步迈进屋，就见炕头上堆着一堆衣物。但细一看，那不是衣物，而是缩躺在那里的98岁的唐丫大娘。于是，老把头石宝柱的话匣子也就打开了。

石宝柱说："这是我妈——唐丫。我们家一共三口人（指他和媳妇葛大娘和娘），200多岁。"

万灵说："哎呀！奶奶在睡觉，能叫醒她吗？别叫醒她啦。"

葛大娘说："能叫醒，一扒拉就知道。"

石宝柱说："别动，我去，我去我去……"

石宝柱跪着爬上炕，葛大娘也跟着爬上炕。儿子和媳妇两个人把胳膊伸到娘的脖子底下，小心去扶她。

石宝柱说："妈，起来，有人来啦，看你来啦。"

她成天就是睡，吃完就睡，一点事没有。

万灵说："你慢点！"

石宝柱说："这事只有我来。"

唐丫慢慢地被扶着坐了起来。她依旧用指头蘸点唾沫，开始梳头、洗脸……

"她一点病没有，大便小便，就自己去。大便一天一趟，换常也两天一趟，自个扶着墙走。消化系统好。下晚睡觉，我挨着她睡，不然她找我……"

万灵说："她咋找你？"

石宝柱说："摸我。下晚睡着睡着，她把手伸过来，摸摸她儿子在不在。如果在，她就放心地呼呼睡了。我出门不在家，她找不着我，于是就一宿一宿地翻来覆去地睡不实。而且，她把手插你被窝两次，一旦没了，就喊：'快去找……'"

万灵问："她叫你啥？"

石宝柱说："大儿子！我大儿子哪去了？"

"我和她是一颠一倒睡。她把脚伸到我的胳肢窝里睡，时时碰一碰。我不敢走，想我妈。但我是一只'野雁'，我从15岁就走南闯北不在家。打鱼打了70多年啦。打鱼之人，整天是跟着水、跟着鱼跑来跑去。"

"那时，我家17口人，我哥六个，四个妹妹，我是老大。我母亲10个孩子！说起我妈，要哭。我们不知咋过来的呀，她一见自己的儿女，吃嘴的东西也得掏出来呀！"（老渔把头眼窝有些湿润了。）

这时，万灵发现唐丫脸上的左鼻翼处破了一块皮……

万灵问："脸上那是……"

石宝柱说："她自个抠的。我是老大，娘的亲情了不得。她天天晚上在被窝里摸我，我日夜挨着娘睡，怕她惦记我。但打鱼人不出门又不行。我一出门，她就知道我打鱼去了。老打鱼的已经没几个人了。新庙有个刘景文，大安和前郭老捕鱼的都快死光了。打鱼人那是日担万斤，往返二十里，夜宿鸭子架（其实是鸭子汀——指嫩江）。"

"过去打鱼工具不一样，有钱人家是东家，打鱼人和人家分成。打多少鱼，东家一半，剩下的所有人分那一半，而这里又分大小股。把头挣四个股，到小股子，已没多少了。过去是麻网、木头漂、铁坠、石坠、往下沉。工具从1963年开始变的，但查干淖尔一直传承老工具……"

在石宝柱述说查干淖尔和娘的时候，娘——唐丫一直呆呆地坐在那儿，一动不动，仿佛在听，又仿佛在想。想什么呢？谁也不明白。

阳光，冬日的太阳光亮，从她家窗子照进来，明亮地洒在土炕上，人们的那些述说，都在这明亮的阳光中传递着，而人们要看望的主角——查干淖尔娘——唐丫却只是一动不动地坐着、听着。一切开场白都说完了，仿佛采访应该结束了。可是，可以看出万灵不甘心，老太太还没开口呢！可是，在此之前已有约定，这唐丫老太太又瞎又老，她不说话。万灵有一种不信的脾气，她是不亲自实践过就不下最后决定的那种人。于是，她一下子坐到炕上，而且紧挨着唐丫，去问她话。

万灵问："奶奶，你儿子去打鱼，你想他吗？"

唐丫，听着听着，让人万万没有想到，突然，她开口了！而且那声音极其好听，就犹如银铃一般，是那么清晰、清脆！全屋里的人一下子听傻眼了，一下子惊呆了，她一点也不糊涂啊……

唐丫说："能不想吗？那是我的儿子啊！我身上掉下的肉啊。他打鱼，我不怕他去。"

万灵说："奶奶，查干湖这么多水，你咋使唾沫洗脸？"

石宝柱说："妈呀，查干湖水干那年你知道不？"

唐丫说："知道。咋不知道？那水干的，我们都上甸子上去刮土，人人熬碱，上甸子刮土，一冬一冬地熬哇熬哇。日本人上屯子抓人，摸疙瘩。说是防鼠疫。屯子让日本人整的。打药针，人被抓回来不是好打。跑不了的就把水缸翻过来一扣，藏起来。俺家后街就是隔离所，专门抓人……"

石把头说："她年轻时记忆力最好。"

"戴大手套，在屁股蛋子上别着。"

石把头说："妈呀，说打鱼的事。"

唐丫说："打鱼好。我儿子一小就打鱼，啥人都进网房子。"

石把头说："一开始在袁家窝棚，我和胡子、土匪在一起过过。他们晚上来住网房子，不让，就揍你。找一个耗子洞，下上夹子，你得给看着，不然不行。"

"照灶坑门一摸，黑了不行。张大麻子把大伙恨的，用砖头子，一人一下子，把张大巴掌（可能是张大麻子外号）打死了。"

石把头说："我打鱼那是张家的饮马泡子。"

"睡一觉，大网就得走。泡子上有'探照灯'……"

石把头说："那叫马灯。"

"成宿把大泡子照得通亮。啥鱼都有，净是好鱼。看不着小的。大眼子网，打不着小鱼。人也就是一觉就起来……"

石把头说："在早的老业务员是徐把头。"

"他（指石把头）接他的手。你想出两网，他想出三网。我大儿子那鱼他打老了。大泡子，男的捞鱼，女的拉鱼，一个待着的都没有。不管男的女的，上冰就有补助费……"

225

大地尽头

石把头说："有补助费你也不花！"

大伙哈哈笑起来。阳光，从窗子明亮地照耀进来。央视的记者们在录像、拍照，万灵在问、在记。

我与石大爷的老伴葛大娘坐在炕梢。她问我："还多咱来？"

唐丫问："谁？梳头？"

万灵说："你儿子，可有名了，全国有名。"

唐丫说："我那儿子，啥都有。大皮袄，大白壳子皮袄。"

石把头说："听三不听四。"

唐丫说："打鱼人遭罪。俗话说，鱼红眼鱼红眼。打着鱼，人就红眼了。在北边，叫牤牛海，那鱼打了多少，好几年拉的鱼苗，给不上钱……"

石把头说："东一句西一句的。"

唐丫说："我这儿子，老大像样，哪个都这样，个顶个一样。打鱼他都明白。石宝文也出名……"

石把头说："我弟弟。他赶的时候不行。"

唐丫说："四个姑娘没念书。"

石把头说："念得起吗。"

唐丫说："在外头给人打手艺，人家给了一套行李。那行李全的！我离不开大儿子了。"

石把头说："我还离不开你呢，互相离不开。"

唐丫说："不光是他。大儿媳妇脾气好，耐性好，和儿子没关系……"

石把头说："谁也没落下。"

万灵问："你为啥偏在大儿子这住？"

唐丫说："我能活，但人都有那一天。岁数小的人害怕。万一有那天了，他们大呀，不怕。我六个儿子，四个姑娘，我没打过一下，没骂过一句。"

"好人在哪都错不了。人再有才，不如有德。没德，啥也干不上。我那孩子一个一个的，哪个不听说呀，从小就这样。"

石把头说："她还夸上自个了，但这是实话。"

唐丫说："老石家孩子多，没有讨烦的，天生的。一天打八遍也不行。成人不用管，管子不成人。"

石把头说："说上哲学啦。"

唐丫说："这叫老话。"

"大孙子和他三叔同岁。到春天时，捡回两车茬子对我说……"

石把头说："指老四。"

唐丫说："妈呀，这茬子别给我烧火！留着打鸟，别上人家柴火垛上去抓虫子。"

石把头说："真仁义。这是真的！东北打鸟得用秫秸上生的白虫子去逗。我妈不让我们去翻别人家的柴火垛。"

唐丫说："老毕家……"

石把头说："叫毕六子。"

唐丫说："那老太太放牛。看见了，问放牛的：'你是老几呀？老四呀。'多大的官，也不从人家的坏上踩过去、走过去……这是天生的好人，那种人，天生的多好妈好，生下的儿女也好。老人正确，孩子正确。"

石把头说："她还一样都不落呢。"

万灵说："奶奶，说话累了吧？"

唐丫说："不累。你是谁呀？"

万灵说："电视台的。"

唐丫说："电匣子台的？打哪来？"

万灵说："北京。"

唐丫说："北京来的？远客呀。总也不说话，说起来就有瘾。"

"一天两顿饭，端起碗就吃，吃饱了就行了。我六个儿子和媳妇，没和人红过脸，有的人家还和亲家母打仗呢。啥人哪！我有棉袄，好几个呢！她活好……"

石把头说："指她大儿媳妇。"

唐丫说："絮的薄，四媳妇娘家妈专会絮……"

屋里已弥漫着浓浓的查干淖尔蛤蟆头烟的浓雾了，把万灵呛得一个劲儿咳嗽……

"她们絮的棉袄均匀，薄乎。早上我不吃饭，喝一碗苞米大馇子豆粥，到黑天。一顿一二大碗饭。可我，浑身上下一点毛病也没有。丫头，来你摸摸奶奶……"

唐丫说着，突然解开了自己的裤带，全屋人都吃了一惊，男人都自动转过头去。她一下子摸到了万灵的手。她拿着万灵的手，放在她平乎干瘪的肚皮上……全屋人都吓得不敢出声！男女都有哇！

石把头说："这个人，可咋整！"

万灵说："哎呀，奶奶身体是好，软软乎乎的。"

唐丫让人意想不到的这个运作，其实沟通了千年和古今。在她的心底，没有任何说道，她是按着她的生存习惯在活着。那是一种珍贵的活法，是那么的朴实和珍贵，在这个阳光明媚的查干淖尔的普通的冬天里，我们深深地庆幸，我们走进了人类生活的真正的文化源头。多么朴实而生动的文化存在，永远不可复制的一种文化存在，在这个地球北部的乡野，在这个百岁老人面前，我们都跟着她的记忆，走向了远方……

这时我发现，万灵的眼眶渐渐湿润了，她可能是不愿意将自己的手从奶奶那苍老的肌肤上挪开，万灵就像按到了一个生命的灵敏的按钮，为什么那百年的话匣子让她这个从千里赶来的人一下子给打开了呢，这究竟是为什么呢？直到今天，这依然是一个谜。

在中国的民间有一种说法，一个百岁的世纪之人，特别是一个总也不开口的老人，一旦开口了，那可能是一种意识的回归，也可能是一种归宿到来的前奏，是到来吗？

岁月也可能让人们拭目以待。但是，这种真实的生存奇迹让我们每一个见证人都忘不掉，永远忘不掉。所以我记下了它，尽可能的真实，一句不落地记下当时的感受和感觉。我不想换别的写法，别的写法已经都没有用啦。

我们让老人躺下去吧，她说了这么多，别累着。

石把头和媳妇葛大娘再次爬上炕，跪下去，扶娘一点点地躺下了。她倒下了，像我们刚来时一样，伸开腿，闭上了眼睛，默默地睡去了。一个历史，也许就这样结束，也许延续下去，留给人一个恒久的查干淖尔，传承在茫茫的时间隧道的深处，久远的深处。

229

永恒的母亲

如果让人类记住这个地方，唯有母亲。

在查干淖尔，当头戴面具的查玛们"跳鬼"的时候，那是在演绎和传递着千百年来人类对自然认识的历程。

谁不是母性的孕育？

牛头马面也在讲述着生命的传承和来历。

黑土黑，黄土黄，咱们都是一个娘。

三个美丽的女儿，唯有查干高娃成为永恒的湖泊，而失去的一姐一妹，就是生命与自然的历程。查干淖尔在告知天下，生命之中有脆弱，歌颂着危难正是在传递着永恒。

大地在久久地传颂着查干高娃的生命魅力和那博大的蕴藏力，狂风和寒雪始终不能除掉查干淖尔，它坚守着姐妹们永久的生存理念，让查干淖尔再不能消亡。

这一年，到了查干淖尔要建立祭湖广场的时日了，好友焦洪学问我，9根大柱子上立什么标志呢？

立什么标志？

当查干淖尔的风雪在猛烈的北风的吹刮下"丝丝"作响时；当狂风狂暴地把沙土卷上苍天时；当风雪抽打着科尔沁草甸上的万物时；当北方的严寒把土冻裂，雪末又填满了那一道道深深的裂痕时；当早春，忽然在一夜间冰上的雪渐渐消融，天地间沉寂无声，冰融的水滴在网地的坚冰下，一滴滴落下，突然间让人想起了远古的查干高娃，又想起了石宝柱的母亲——唐丫……

母亲，这是远古与今天的母亲。

母亲，这是查干淖尔娘。

母亲，这是祭湖广场上那9根柱子上的真正的主题，她们的容颜就应该恒久地记刻在上面，让历史作证，让世界去认同。娘，一个恒久的查干淖尔。

风雪抽碎了莽果心爱的女儿们那美丽稚嫩的小脸，让他心上的肉一点点化为风干的泥土和黑色的干涸的碱土了，泥林记住的岁月，就是狂风抽干了水分的岁月刻盘，在大布苏，在乌兰淖尔，再也找不到生命的迹象，生命在恶劣的自然环境中消亡了……

唐丫，一个被查干淖尔顽强保护下来的苍老而感人的母亲，她舍不得用水，她每天宁可用自己的一点点唾沫去洗脸。

洗吧，母亲。默默地躲在角落里的母亲，洗脸时，心里万分地挂念着上冰的儿子和那些勇敢的渔夫，她自己听着自己洗脸的声息。

千年查干淖尔，让思念在放大，让记忆传向天涯。

冰面上和雪原上，生命连着生命。看得到的生命被寒风凝固在茫茫的冰原上，看不见的生命，被记忆冲荡在冰原之下，那是生命对生命的承诺。在查干淖尔，承诺高于一切。

承诺让人变得纯粹和高贵。

有一个人曾经对一个老人许下过承诺，后来老人死了，他把从前的承诺忘了。后来他得病了，草原也不再风调雨顺了。后来，草原上的萨满来了，说："你忘了对一个人的承诺了吧。"

他说："没有啊。"

萨满说："你忘了。"

他想起来了，说："但那是一个微不足道的人啊。"

萨满说："微不足道的人也是人。"

于是，他从心底重新拾起了对那个人的承诺，从此查干淖尔的水又清亮了，狂风在寒冷中又把大地冻得雪白，冰也更加晶莹了。查干淖尔可以没有一切，但是它却再也不会失去承诺。这也许就是查干淖尔留给人类的真正的文化遗产。

人类一切祭奠都是在祭奠消失，那更是在真正地祭典着存在。那9根柱子上我要去挖掘出大地奉献给人类的9位母亲，那才是我们在自然和历史的生存过程中发现的真正的查干淖尔。风雪凝固住了久远的记忆，渔夫们都把背对着西部吹来的寒风，让风雪和冰末贴在棉衣的后背上，那些面孔都朝着冰和由冰下缓缓涌出的网……

母亲唐丫依旧默默地坐在炕上，她用唾沫洗着，然后把耳朵贴在老炕柜上去倾听。狂风和寒雪依旧在原野上刮着，从远处刮来，从她的眼前和记忆中刮过去，刮向那更加遥远的记忆的远方去了。

查干淖尔就这样在恒久中存在着。

喂狼台

隆冬时节，古老的查干淖尔冰面闪着灰色的光泽，那是天空的乌云把白雪涂成了灰色，如果太阳不出来，一冬天都是这样。老北风一起，茫茫的冰面上灰蒙蒙一片，什么也看不清，怎么能分辨出鱼在冰下的位置呢？

但是，查干淖尔的渔民有办法。这儿的古语说："人知鱼性。"这话一点也不假。鱼儿生活在水中，它们其实最识水性，人要知鱼性，必须先知水性。在查干淖尔这样大的水域之中，老渔把头找鱼，先要掌握水。首先，他要牢牢记住夏秋季节，泡子里哪个地方涨水，哪儿涝了。涨水、涝水鱼儿都有变化。水一大，鱼走尽了；而水深处，常常是鱼越冬喜欢居住之地。在夏秋时，渔把头就要记住这一切。第二就是仔细分析泡子封冻的时间。查干淖尔封泡（水结冰称为封泡），每年时间并不一样。封泡早与晚，完全与风有关。如果是东北风封的泡，冬捕时就往偏南的泡地选卧子，因东北风往往把鱼赶到了南边一带；如果是西北风封的泡，则要到东南方一带挑选鱼卧子。当然，还要看封泡那一夜刮没刮雪，雪片落泡，影响鱼的一冬天选位。所以，冰面上某处积雪的深浅、薄厚、大小，都与鱼的多少有直接关系。第三要看坡。坡，指坡度。查干淖尔的湖底往往和平原土地一样，也有高矮坡地之分，而鱼喜欢在坡下一带居住。冬天，鱼的活动能力低，相比夏秋，它不太爱游走。因此，它们往往喜欢找水深的地方，那儿的温度高些，坡地挡水守水，所以是它们居住的理想之处。

冬捕，从凿冰下网到起网，往往需要漫长的过程，于是夜里冰面上就要留人看守网棚。寒冷的冬季，茫茫的冰面，空荡且荒凉。凿开的冰层已透了气，鱼的气味已浓浓地升起来，弥漫在大地的空气里，连冰块和雪花中都饱含着鱼的鲜嫩气味儿，于是鱼鲜气息招来许许多多的不速之客。本来冰面已经没有了鱼，因为当天网上的鱼当天就拉回渔场去了。可是，一些小的鱼，或摔掉的鱼肉碎片，以及没有运走的网上挂着的小鱼虾，这些都成了冬夜四处觅食的动物们的目标。

那些来觅食的不速之客，首先是狼，它们往往三三两两地结伴而来，然后先坐在离网房子不远的地方，打量网房子里的动静。

那些网房子孤零零地坐落在偌大的冰面上，显得非常单调，里面的渔把头，主要是为了看守网垛。

狼们，很精灵，他们分批分期地靠近网垛。

几匹狼先去扒网垛，寻找网缝网眼上粘挂着的鱼虾，以解自己的饥寒。另一只放哨的狼，则端端正正地坐在离网房子、网窝棚不远的冰面上，静静地观察着里面的动静……

如果里面的渔夫推动窝棚门，哪怕是轻轻地推开，它便会立刻报警——号叫，给同伴们发出信号，那往往是一两声或一阵只有它们自己才懂的声调。

如"嗷——嗷——"

那是有人来啦。

如"嗷啊——嗷啊——"

那是快跑，有人要开枪啦。

因它此时，已发现看守网棚的渔夫，手握老枪，走了出来，它立刻发出紧急信号，好让同伴们走掉。

这匹放哨的狼，也许是一只有责任心的老狼，它自告奋勇去为众伙伴放哨；也许它是一匹头狼，它主动去承担这项艰巨而危险的使命。因为它比别的狼更具有危险性，它距离看守网棚的渔夫更近，如果渔夫射击，首先要射倒它；再就是，这匹狼，具有极强的耐力，它能几十分钟、几个时辰一动不动地坐在冰上，认真负责地监视渔夫，宁可将冰层坐穿。有时，由于它长时间坐在冰上，它的体温已经将冰雪融化，但是当它在长时间地坐望之后一起来，往往严寒已将它屁股上的毛也冻得撕掉一片，但它仍不在乎。曾经有一个渔夫，带着自己的一只叫白塔的猎狗，一起守护网堆，它一看群狼攻击网堆，它便冲了上去，可是遭到了群狼的撕咬和围攻，它脸上的皮，被撕咬下来，当它和主人一齐回到村落时，它不断用前爪向上扶着掉下来的脸皮，人们忍不住落下泪来……

觅食，本来是世间一切生灵的合理行为，可是查干淖尔冬夜里的这些不速之客往往在寻找吃食的同时，不是撕碎了网片，就是扒破了出网的地方，使得第二天的捕鱼无法进行。但是，每年一到了冬季——大雪纷飞的季节，北方的冰野气温下降到零下40多度，冰天雪地里，许多动物又冻又饿，觅食就成了动物们最后的挣扎。

是严寒使查干淖尔人懂得了生命的可贵，还是人类也想到了在久远的洪荒季，那一匹匹苍狼曾经随人一起去寻找查干淖尔，寻找水源？是生命对生命产生了怜悯，还是生命本能地出现了认同？总之，查干淖尔渔夫们决定再不打这些狼，而是要去喂这些狼。

人，要去喂狼？这是真实的吗？

喂那些曾经在生活中，对人、对牲畜产生过巨大威胁的凶恶的野狼？这一切都是真的吗？而这些是查干淖尔渔夫们在冬捕的岁月里悟出的生命和谐的道理。

古语说，寒冬，千山鸟飞绝，万径人踪灭，一切生灵为了争口食而外出奔波，于是查干淖尔渔夫们每当大雪纷飞的严冬，在那些奇寒无比的冬捕的日子里，渔民们决定每夜都准备些小鱼，主动地喂给那些在冬季里冻的、饿的已无依无靠的觅食的动物们吃，吃饱了它们也便走了。

他们还在捕鱼下网的窝子上立一个牌，上面清清楚楚地标着：小心，保护那些饥饿的觅食动物。这些牌子在查干淖尔的冰面上随处可见。

当科尔沁的狂风暴雪日夜吹刮的时候，当风停雪住，月亮出来照耀着茫茫雪野的时候，人们就会看见许许多多的生命在主动地靠近着查干淖尔渔人的窝棚，它们是狐狸、狼，甚至还有兔子……那是好心的查干淖尔渔夫为它们准备的吃喝之处，它们再也不去扒动渔人的网和出网口了，渔夫们再也不用操心动物来骚扰啦。

在查干淖尔冬季的冰原上，有许多这样的"喂狼台"，那往往是一处处僻静的雪原深处，人常常不去那里打扰，人们将一些肉、鱼，摆放在一个个冰堆、雪堆上，等那些在严寒的冬季已冻得、饿得奄奄一息的动物们来吃、来充饥，以便让它们度过北方寒冷而荒凉的季节，那是查干淖尔渔夫的情怀。

其实大自然是一个合理的存在。它在默默地平衡着人世间的一切事物的发展，它本身就存在着一个正确的运行规律，只是有的时候，人们并没有细心地去寻找它。而寻找到这种人与自然与共的本质规律，却需要人的精神和思想的付出。查干淖尔人，是在自觉地把自己融入生活和自然的历程中的人，所以他们得到了自然真诚的回报，也使自己成了大自然最亲密的朋友和伙伴。

查干淖尔，处处充满了传承。人的一言一行、一举一动，都受到一种严格的心理制约。他们懂得如何打鱼，因为这里传承和弥漫着一种优秀的文化氛围。

冬捕顺风

北方查干淖尔是一个特定的区域地理概念，作为古代吉林历史上的区域，从大的方位上看，它指今山海关以北，朝鲜半岛大部，日本海和鄂霍次克海左岸，包括库页岛等地方。从具体方位上看，它位于兴安盟和呼伦贝尔市以南，通辽市以东，肇东湿地平原以西，长白山余脉伊通大黑山以北的广袤范围之内，这里具有自己灿烂的文化内容，而渔猎为其重要特征，再有便是地处偏远而荒凉……

从远古开始，这里的荒凉成了灿烂的资产，伴随着这个灿烂的是漫漫长途，资产如何流入千家万户？那就是送达，如果冰湖之货不能送达入户，资源就会被人轻视或渐渐地被岁月所忽略，这等于给遥远的查干淖尔出了个难题。

突然，查干淖尔悟出了一个道理：邮鱼。

从远古以来，邮，全靠驿。

轻轻地翻开《清代东北邮驿史》，我们会发现，中国古代已有的邮驿，这曾经是我国古代王朝设立的以传递公文为主的官方行为，主要是传递信文、公函和帝王之令。此外，驿还要承担为过往官员（官差）提供车马和食宿任务。《大清会典》载，驿的主要任务是传递通信"邮传驰递，关系最为重要"，作为邮驿史话，还传递过别的吗？

当然，作为朝廷通达四方的交通枢纽，它也包括大车运送朝廷货物使然，盛京（今沈阳）至伯都讷（今松原），古时为最便捷的要道，这条驿路见于乾隆四十四年的"战迹舆图"与《钦定盛京通志》载，又称为"中道"，是因此路为由吉林奉天入山海关者俗称大站的喜峰口驿路；另一条是由蒙古地区入法库边门所至盛京有一路，俗称八虎道，这是商贩往来的必由之路，它位于大站和草原地路之间，自黑龙江卜魁站起至茂兴站，属于常行驿道。从茂兴站南起行30里，渡嫩江入郭尔罗斯前旗界。民间歌谣唱道：

大马号，小马叫，

前后都是邮驿道；

大马累死三千九，

小马累死九千六，

传来跑去为的啥？

来来往往传战报。

传送信件是古代邮驿的主要差事。而在查干淖尔，这里聪明的渔夫，一下子悟出了一个深深的道理——"邮鱼"，把鱼作为古代的"信件"，以古邮驿方式走入生活，进入社会，查干淖尔创造了独特的"腾鱼"方式，他们让鱼"腾"飞了，而且还是"冰鱼"。

查干淖尔的邮鱼智慧，创意于第十三届"最后的渔猎部落冰雪文化节"。那次，从遥远的海南岛来了一批观赏冰上捕鱼的老客，他们天天在冰上走哇、看哪，跟着渔夫的网看不够，又从冰上抱起一条条大鱼，拍呀、照呀，到头来，只好恋恋不舍地放在了冰上，还打了个"唉"声，发出了一声叹息。

他还自言自语地说："唉！查干淖尔冬鱼好，只是……"

此时也巧，时任北方查干淖尔渔场场长的闫来锁正去冰上查网路，忍不住地问道："你有何愁事？"

南方游人说："北鱼虽然好，只是无法运到南方啊！"

说完，他们就看别的去了。

南方人的这句话，让老闫懵啦。是啊，查干淖尔的鲜鱼好是好，但是在北方流通，那是咱查干淖尔的人目光短浅？不行啊，得让冰雪带着鱼味儿迅速飞往南方，不能再等了呀！

这一晚，闫来锁睡不实啦，他翻来覆去地在炕头上想主意。这时，妻子问他："你不要成天净在冰上跑，妈来信了，想你，想让你去看看她……"

"谁？"

"娘。"

"来什么？"

"来信……"

啊？信？对呀，信可以邮，难道鱼不可以邮吗？

这边妻子说的是娘想儿来了信，闫来锁却硬是联想到了鱼，对呀！白天南方老客的忧愁，一下子启发了他发展查干淖尔渔猎文化事业的点子，对，就"邮鱼"，让鱼"飞"起来，穿越中华民族960万平方公里的大地，到达中国的千家万户，他再也睡不着了，他爬出了暖暖的被窝，冲到了渔场办公室，立刻通知班子所有人马，他要开创一个奇迹——邮鱼。

于是，千百年的查干淖尔的古老邮路复活了。

于是，最后的渔猎部落新生了。

立刻，网上邮鱼迅速在北方寒冷的冰原上铺开，并起名为顺风。

那，也是一张"网"，它一张开，一网"打尽"了中国的千家万户，人只要想尝查干淖尔鱼的美味、鲜味，写上邮单，发个信息，在两三天内，冰湖之鱼可以立刻到达。

查干淖尔的冰鱼，就这样"飞"进了人类现代生活之中，成为一个美妙的渔猎文化的活态记忆了。

参考文献

[1]李澍田. 柳边纪略[M]. //李澍田. 长白丛书. 长春：吉林文史出版社，1993.

[2]松原市土地志编纂委员会. 松原土地志[M]. 长春：吉林文史出版社，2003.

[3]孙进己. 东北各民族文化交流史[M]. 沈阳：春风文艺出版社，1992.

[4]王承礼. 辽金契丹女真史译文集[M]. 长春：吉林文史出版社，1990.

[5]王迅. 郭尔罗斯考略[M]. 沈阳：辽宁民族出版社，2002.

[6]查干苏赫巴鲁，乌银，珊丹. 查干湖的传说及其郭尔罗斯史话[M]. 通辽：内蒙古少年儿童出版社，2001.

[7]池子华. 中国近代流民[M]. 杭州：浙江人民出版社，1996.

[8]前郭尔罗斯蒙古族自治县志编纂委员会. 前郭尔罗斯地名志[M]. 沈阳：辽宁民族出版社，1993.

[9]苏博. 历史上的前郭旗[M]. 沈阳：辽宁民族出版社，2011.

[10]美苏博. 美丽的查干湖[M]. 通辽：内蒙古少年儿童出版社，2000.

[11]王维宪. 洪皓在松原及其他[M]. 通辽：内蒙古少年儿童出版社，2001.

[12]白音仓布. 陶克涛胡[M]. 特木尔巴根，译. 长春：吉林人民出版社，1990.

[13]赵显和. 大布苏奇缘[M]. 长春：吉林人民出版社，1995.

[14]赵之友. 郭尔罗斯烽烟录[M]. 沈阳：辽宁民族出版社，1995.

[15]余秋雨. 山居笔记[M]. 上海：文汇出版社，1998.

[16]曲彦斌. 中国民间隐语行话[M]. 北京：新华出版社，1991.

[17]陈立平. 老店铺招幌[M]. 沈阳：辽宁大学出版社，2001.

[18]王纯信，王纪. 满足民间美术[M]. 长春：时代文艺出版社，2000.

[19]冯骥才. 乡土精神[M]. 北京：作家出版社，2010.

[20]冯骥才. 民间灵气[M]. 北京：作家出版社，2005.

[21]富育光. 萨满教与神话[M]. 沈阳：辽宁大学出版社，1990.